社交经济

移动互联网时代的商业新逻辑

聂　帅　苏清涛◎著

浙江大学出版社

推荐序

著名企业家、"分众传媒"创始人

江南春

受曾共事十年的老部下聂帅所邀，为他的新书《社交经济：移动互联网时代的商业新逻辑》作序，我很高兴，高兴的是看到以他为代表的一批走出去的分众人，现在都已经有了自己的舞台和影响力。

聂帅一直对社会化营销很有见地，他的自媒体公众号"聂帅说"常有颇具影响力的文章流出，我也经常阅读。聂帅的文章不仅理论扎实、总结到位，实践中也操盘了不少品牌的社会化传播。最为精彩的就是2015年聂帅通过连续几篇文章剖析了UBER，对当时在市场上尚无声息的UBER成功的社会化营销做了多维度的深入解析。

事实上,分众传媒在为品牌客户服务的过程中,也一直提倡客户用社会化传播＋生活场景高频次曝光的"两手硬"的方式,来增强消费者对传播素材的记忆。书中所提及的对"社交货币"和"裹挟力"的描述十分形象、生动。社交场景下大家用来交流和热议的话题,显然就是一种具有流通价值的货币,而这种货币是具有强大裹挟力的,能裹挟着本不是产品核心使用者的外围用户卷入其中。消费者内心的焦虑感,生怕别人都有而我没有的担心,对别人都知道而我不知道的信息缺乏的恐惧,都是这种裹挟力的成因。

作者在多年的从业经历中,对于如何玩转社会化营销,确实非常有心得,也很有创造力。本书所涉及的诸多行业对社会化营销的运用,很好地展示了在当前网络环境下究竟该如何利用这个工具。这些对于营销策划相关从业者来说,非常值得借鉴。

自序
社交货币的裹挟力

"颜之惠"创始人、CEO 聂帅

本人聂帅,2001 年本科毕业于清华大学流体力学专业,身为理工男,却对广告营销业钟情不已。

2004 年我有幸加入分众传媒的初始团队,师从江南春先生,10 年间目睹了市场上无数经典营销案例。

2013 年我离开分众传媒后开始创业,研究社会化营销,创立自媒体"聂帅说",收获近百万来自微信、知乎以及虎嗅的粉丝朋友,并于 2015 年年初,用三篇阅读量"10 万＋"的爆文,凭一己之力把当时尚无名气的 UBER 推向舆论风口,此后 UBER 社会化营销的势头一发不可收拾,成为现象级营销案例。

凭借对社交平台的深刻理解,我萌发了开发社交 App 的想法,并于 2016 年成功上线了一款垂直自拍社群的手机应用——颜之惠,晒自拍即可获得颜币,产生相应的货币化价值(区块链当时还未如此火爆),目前用户已达数百万。

在以上的工作经历中,社交领域做得漂亮的营销事件层出不穷,我也服务了不少企业客户,帮他们做了很多现象级营销。我决心把这些分散在各行业的案例整理并分解给大家看,希望能对各位有所启发。我想把这本书叫作"社交货币的裹挟力",编辑说""社交经济""更加高级一些,遂从命。

什么是社交货币呢?就是用户在社交平台上用来产生共鸣的谈资、话题,一个产品一旦拥有了数以千万计的用户愿意拿来谈论的社交货币,也就具备了某种裹挟力。

什么叫裹挟力呢?就是原本不属于你的用户也会被这个舆论风暴带进你的产品消费圈,成为营业额的贡献者。

举例说明:很多爆款游戏都是被社交裹挟力带出来的。《王者荣耀》是 2017 年最耀眼的明星,在它的巅峰之时,曾有 70% 的用户是因为朋友都在玩,而来《王者荣耀》寻找"存在感"的。

因此,一个游戏得以引爆,一定要产生社交关联,一款游戏的"死忠"爱好者的数量毕竟是有限的。

裹挟力很重要,它会使产品以下三个方面的数据都得到全提升:

其一,用户数,一个带动两个;

其二,使用时长,只要有一个朋友还想继续玩,其他人就会陪同;

其三,减缓新鲜度的下降速度,单机版游戏很容易玩一玩就没兴趣了,而联网版游戏,尤其是和认识的朋友一起玩,总是能让人兴趣盎然,即使在不停地重复,成就感也会驱使他降低对新鲜度的要求。

像这样用社交带来裹挟力的爆款游戏还有很多,比如养蛙游戏。

电影产品也是如此。

身边的朋友都在看这部电影,人人都来点评两句,你没看过,插不上嘴,就会不好意思。因此,不管自己喜不喜欢,电影好不好看,都得补上这课。一部爆款电影和霸榜游戏同理,70%的消费者也是被社交力裹挟而来。一场暴风袭来,不管是愿意跟着走的树叶,还是赖着不走的泥沙,都要飞起来,这就是裹挟。电影《战狼2》《前任3》观众在都是这样的情况,微信群里的年轻人都在谈论要不要相约去看《前任3》,影院里哭得死去活来的视频反复流转,于是你也暗暗拿起手机买了票。

自媒体界阅读量"10万＋"的爆文,也是如此。

本来没什么兴趣打开的文章,在朋友圈被一而再、再而三地转发,得到了很多人的关注,人们就来了兴趣,心里纳闷:到底是什么内容,让他们都在转发并评论呢?于是这篇文章70%甚至更多的阅读量都来自这部分本来已经错过,但是由于社交裹挟力而回头重新打开的人。

要想引爆一款产品,需要两步:

第一,找到精准的目标用户,让他们成为第一批种子用户,这部分在用户总量中占比为10%～30%;

第二,利用社交场景,煽动情绪,让该产品成为"社交货币",至少让一个人影响两个人,拿到剩下的70%甚至更多被裹挟来的用户。

至于如何形成社交裹挟力,这就是本书要讲的。

对于很多产品,用户购买它、消费它的原因中,社交价值占据了一部分比例。一部电影,看完了发现没有人在讨论它,观众往往会感觉自己白看了。一次旅行,美美的照片发到了微信朋友圈却没有人点赞,旅行者就感觉这次旅游白去了。同样的,有时候社交使命的完成也伴随着这件产品使命的完结。在某些女性消费者的世界里,一件衣服穿过了、拍过照了、入过镜了,使命就算完成了。一张美美的照片,在微信朋友圈"晒"过,也算完成了使命。所以,想一想你的产品有没有社交附加值,没有的话,你就只能卖出人家的七折价钱,因为你不值得"晒"。

目 录
Contents

1

第一章

社交，是用户最好的精神安慰

❖ 与功能比较"纯粹"的产品相比,那些将另外一种业务形态跟社交结合在一起的产品,更容易取得成功。

❖ 只有社交才能带来分享,只有分享才能带来二次传播,所以,只有社交才能带来二次传播。几乎所有的病毒式传播、指数级增长,都要依赖社交。

❖ 在社交平台上,或者是在一款附加了社交功能的非社交产品上,用户的年龄、性别、学历、职业、收入、喜好等都可以被轻而易举地挖掘出来。有了丰富的用户画像,平台或产品便可将用户牢牢握在自己手中,最终形成商业闭环。

要么"+社交",要么"社交+"

陌陌被"跨界打劫"

如果要对 2017 年的移动互联网江湖做一次盘点,网络游戏《王者荣耀》多次被官媒点名是一个绕不过去的事件。在分析《王者荣耀》火爆的原因时,大家都会说,玩《王者荣耀》是一种社交方式。可以说,社交就是《王者荣耀》的命门。

当《王者荣耀》"挟社交以令用户"的时候，某些纯粹的社交平台却被"抢了饭碗"。

前些年，说到"陌生人社交"，大多数人的第一反应都是想到陌陌。但到了2017年，有人在深入调研市场并亲自测试各种产品后发现，原来《王者荣耀》才是最大的陌生人（异性）社交平台。当我们把《王者荣耀》当成一款游戏的时候，它却偷偷地抢了陌陌的生意。

实际上，即便没有《王者荣耀》，在陌陌上与一个陌生人约会也不是一件容易的事，只不过《王者荣耀》的出现让陌陌在陌生人社交方面的"性价比太低"表现得更明显了。

为什么通过陌陌与陌生人约会很难，而在《王者荣耀》上却相对容易？

在社交网络上，要让用户对平台产生依赖感，有一个必要的前提：他们跟别的用户有话聊，并且是持续地有话聊，即有"共同语言"。只有这样，陌生人之间才能建立真正的连接，才会喜欢并且离不开这个平台。

在陌陌上，一个女生收到的最高比例的消息无疑是"hi"或"你好"，但这两个词可以延伸出对话吗？当然不行。当一个女生收到很多这样的信息后，她会回复吗？如果男用户发了几十条、上百条都没有人理，他还会继续使用陌陌吗？可能至少不会有最初的热情了。

用户双方"缺乏共同语言"，聊天无法展开，而平台却没有提供一个可以打破冷场、缓解尴尬的玩法。连预热都没有，陌生的双方一上来就约会，显然不太现实。

相亲网站也存在同样的问题，两个八竿子打不着的人仅仅因为看了对方的注册信息就去谈婚论嫁，显然十分别扭。而且，为了建立关系，双方还得不停地没话找话，如果找不到话题聊下去，场面会特别尴尬。况且，由于用户之间的关系太松散，如果这一次没约会成功，可能就再也没有"然后"了。此外，"你被'剩'

下来了，所以不得不去相亲"这样的标签会让人觉得相亲是一种自我羞辱。

但在《王者荣耀》中，两个人在游戏中多次碰撞互动，建立起深度连接。恋爱或其他交往都是无心插柳，成功率反倒要高很多。

可见，《王者荣耀》不仅抢了陌陌的生意，还顺便抢了相亲网站的生意，至少反衬出了后两者的软肋。

读书、旅行与撸串

早些年就有人认为，豆瓣才是最大的异性社交网站。豆瓣和《王者荣耀》有什么共同点？那就是两个用户之间可以基于兴趣爱好产生高频度交往，并且越聊就有越多的共同语言，如此一来，深度的关系就建立了。而这一属性是陌生人社交平台和相亲平台所不具备的。

还有一个叫"捡人网"的旅行社交平台，该平台的广告词是"捡个对象回家"，也就是说，陌生人相约在一起旅行，然后产生情感联结，最终走进婚姻殿堂。这是赤裸裸地用兴趣社交来向相亲网站宣战。

当然，共同的兴趣爱好门槛较高，如果双方没有共同的兴趣爱好，但是在共同做一件事，也是可以产生交往和互动的。北京有一家叫"很久以前"的羊肉串店，虽然不是互联网社交平台，但也用微信公众号为粉丝提供了一个"约"的平台。

在这个店里，很多男顾客想和美女顾客搭讪，又不好意思开口，于是，"很久以前"便在微信公众号上启动了"约撸"功能，即双方相约在一起撸串。因为是在线约，所以哪怕被拒绝了也不觉得太尴尬。这一功能上线后很受欢迎。对那些渴望结交异性的男女来说，"很久以前"微信公众号的这一功能要比陌陌的交友功能靠谱得多。在陌陌上，很多用户既不好意思开口，也找不到共同语言来搭讪，这导致双方的关系很难破冰，交往很难继续。

豆瓣、捡人网和"很久以前"能入侵陌生人社交领域，做到了陌陌和相亲网站做不到的事，就是因为它们在基础功能之上嫁接了社交。三者的业务形态分布分别是"读书＋社交"、"旅行＋社交"和"餐饮＋社交"。

陌陌又把直播打劫了

在自家地盘被入侵的时候，陌陌也没闲着，它积极地"走出去"，跟别的产品抢地盘。

进入 2017 年，曾经一度成为风口的直播行业呈现出一副半死不活的状态，连行业的龙头公司映客、斗鱼都无法盈利。然而，就在直播产业经历从如日中天再到跌入寒冬的这个过程时，陌陌却跨界进入直播领域，并成为这一领域最大的赢家。2016 年全年，陌陌的净营收达 5.5 亿美元，其中 80％ 来自直播。

陌陌能从一片萧条的直播界脱颖而出，最关键的原因还是陌陌的社交基因解决了直播的流量来源和用户黏性的问题。可以作为佐证的是，直播界的二号赢家微博直播，也是因为有微博这个强大的社交平台作为后盾。

与上述那些打劫陌陌的跨界对手们不同的是，陌陌在直播市场上攻城略地走的是"社交＋"路线，而不是"＋社交"路线。

社交，能让你的产品如虎添翼

我们对移动互联网产业在过去两三年的发展情况进行梳理后发现，社交已经成为移动互联网产品最基础的功能之一。与功能比较单一的产品相比，那些将另外一种业务形态跟社交结合在一起的产品，更容易取得成功。

一家餐厅在餐饮的基础上附加社交功能，更容易从同质化的竞品中脱颖而出；而社交平台在社交的基础上叠加其他功能，也更容易具备"跨界打劫"的能力。

要么是"＋社交"，要么是"社交＋"。

简单地说，"＋社交"就是在原有产品形态上加上社交形态，比如《王者荣耀》的

"游戏＋社交"，"很久以前"羊肉串店的"餐饮＋社交"；而"社交＋"则是社交产品在基础功能之上再加上其他功能，如陌陌的"社交＋直播"，赤兔的"社交＋招聘"。

"＋社交"与"社交＋"，尽管有所区分，但在实践中却有很大的相似性，并时常交织在一起。比如，小红书这种靠内容社区起来的电商，算是"社交＋电商"还是"电商＋社交"？又比如，《狼人杀》是为社交而生的游戏，算是"社交＋游戏"还是"游戏＋社交"？

并且，即便是在同一个领域，"社交＋"与"＋社交"两种模式也会并存。比如，在社交招聘方面，领英、脉脉和领英采用的是"社交＋招聘"，但 boss 直聘和卓聘聊聊则是"招聘＋社交"。

鉴于"＋社交"的情况比"社交＋"更普遍，为了表述和阅读的方便，本书在后面的章节中将所有模式统称为"＋社交"。

为什么要"＋社交"？

新媒体的"新"，不在于介质而在于传播方式

在深入讨论"＋社交"这个话题之前，我们先来聊一聊貌似与社交并不相关的新媒体。

什么是新媒体？新媒体和传统媒体的区别是不是纸质载体展示与网页或电子产品载体展示上的区别？网易、新浪和搜狐这样的门户网站算是新媒体还是传统媒体？

其实，区分新媒体和传统媒体的关键并不在于载体是纸质还是电子，而是看读者与读者之间是否建立了连接以及是否方便做二次传播。

商家在一份报纸上投放广告,买的就是以 10 万份(假定该报纸的发行量为 10 万份/期)的发行量为分母的可预计的阅读量——10％的阅读率,就会带来 1 万次阅读——虽然也有传阅的可能,但是纸质报纸的传阅几乎可以忽略不计。因此,我们很容易算出一个阅读的广告成本(当然,文章阅读率不等于广告阅读率,不过这个问题在新媒体中同样存在,所以我们不在这个维度进行区分)。从中我们可以看出,10 万份的发行量是该报纸传播的天花板,你几乎永远无法将信息传播到这 10 万名读者以外。

而一篇微信文章,读者看完后只要顺手点一点分享按钮,就能带来强劲的二次、三次、n 次传播。一个只有 1 万个粉丝的公众号发出的文章,最终获得 10 万次以上的阅读量是常事。这里我们可以看到,1 万名原始读者并不是传播的天花板,而仅仅是起点,热点随时可能被引爆。

对比一下以上两种情况,一种是 10 万的理论上的读者数量,最终可能只有 1 万次的阅读量;一种是 1 万名原始读者却可能达到 10 万次的阅读量。两者的区别在哪里? 便捷的右上角转发分享,即"二次传播"的便利程度是命门所在。

一份报刊,读者看完了就结束了,很难拿着这份报刊逢人便推荐:"来来来,你们也来读一读这篇文章吧。"而网络自媒体内容的二次传播就是一秒钟的事,你只要将它顺手转发到微信朋友圈,就能把内容分享和展示给几百个好友,无论在便捷度还是在阅读效率上,相对于传统媒体都实现了几十倍、上百倍的提升。这就是传统媒体迅速落败的原因:它们并不是输在内容上,事实上很多传统媒体从业人员的写作水准仍然是顶级的,传统媒体缺的是一键转发的功能。

从这个角度讲,新媒体和传统媒体的差别是由介质革命——从纸质转变为电子——带来的,但也不能说有了电子化介质就一定是新媒体。门户网站首页横幅广告(banner Ad.)的衰落轨迹和传统媒体一模一样,就在于门户网站没有同时具备一键分享的功能。没有人会把纯广告的链接发给朋友。

能够通过读者的社交链进行二次传播，将文本传递给非订阅用户，这才是区分新媒体与传统媒体的关键。

社交是"第一生产力"

沿着新媒体传播的问题继续深入下去，我们就会发现，"＋社交"或"社交＋"的价值，主要体现在以下几个层面。

首先，社交解决了自传播的问题。

通过读者的社交圈进行传播，才是新媒体的"新"之所在。在社交链传播中，直接订阅用户的分享欲是最有价值的资产。

以笔者的"聂帅说"微信公众号为例，忠实读者们从来不吝惜对好文章的转发。好的自媒体，可以让用户产生归属感，相应的，用户也能从自发推广中取得成就感（我为自己喜欢的公众号的成长做出了贡献）、荣誉感（我关注的公众号格调很高）——这一切，可以统称为"参与感"。有了参与感，他们就会自发地为你传播、为你声援、为你无怨无悔地付出。

上述提到的荣誉感，值得细说。

用户在社交平台上分享一篇文章、一个观点、一款产品的动机是：塑造自己在他人面前的形象，维系和某个人群之间的关系或者表达某种诉求。其中，最常见的是塑造自己的形象——"没错，我就是这样的人"。

比如，2015年笔者最火的文章《越是有价值的媳妇，娶起来越便宜，持有成本越低》获得了超过3000个微信公众号的转载，在微信上的总阅读量过1000万次。在分享这篇文章的人群中，女读者多于男读者，这些女读者的心理是："看，我就是这样有价值的媳妇。"但同样一篇文章，发在今日头条、简书等缺乏社交功能的平台上，阅读量就很低。

只有社交才能带来分享，只有分享才能带来二次传播，所以，只有社交才能带来二次传播。几乎所有的病毒式传播、指数级增长,都要依赖社交。

UC 订阅号、凤凰一点资讯、新浪看点、百度百家等自媒体平台的活跃度不高,都是因为缺少社交功能。

今日头条的用户很多,靠平台的算法推荐,一篇文章可能会获得超级高的阅读量;但那些高质量的自媒体还是会把主要精力放在微信公众号上,因为微信有社交功能,能带来用户的自发分享传播,流量更加可靠。

还有一点需要注意,带有社交性质的传播赋予了草根用户、草根品牌更多的权力。传统的博客基本是"大 V"们的天下,草根出身的网红品牌能在微博和微信公众号上崛起,最根本的原因就在于,微博和微信公众号的社交传播赋予了他们在以往得不到的强大力量。相反,很多在传统渠道下很牛的大品牌一到网上就玩不转了,正是因为这些品牌对社交媒体的运用还不够熟练。

用户的自发传播,实际上就是用户、顾客在帮助品牌找新的用户、顾客,这就极大地降低了品牌的获客成本。那些对社交媒体运用不甚熟练的大品牌要在营销上投入很多钱,而自带社交属性的草根网红品牌依靠别人来帮自己免费做广告,节省了许多营销费用。

不仅内容需要二次传播,产品也同样需要。笔者有 20 万个粉丝,如果人人都为公众号付费 100 元,笔者就能赚 2000 万元。可如果做一个"社交+"的 App平台,让这 20 万个粉丝成为种子用户,再让他们之间发生连接,然后二次传播出去,这 20 万个用户就会裂变成 200 万、2000 万个用户,这个时候每个用户哪怕只贡献 50 元,笔者都会有数十亿元的收入。这就是基于社交的商业模式对传统电商交易模式进行碾压的实例。而这也是为什么支付宝不老老实实做支付,而要增加朋友社交功能的原因。

其次,社交解决了用户黏性问题。

我们还以新媒体为例。在移动互联网时代之前,某读者在个人电脑端看到门户网站新浪网上面的一篇新闻，将其链接复下来接转发给朋友，这也算是一种自传播，但这样的自传播却难成气候，为什么？

除了复制链接再转发这个动作极不方便外，还有一个很重要的原因是，对大多数人来说，在新浪网上看新闻并不是刚需。原始阅读量就少，又怎么能指望转发链接会形成气候？

但新媒体所依托的微信平台却很容易让用户欲罢不能。如果让一个人一整天时间不用微信，他最担心的是什么？会担心别人的留言自己没看到、没有及时回复，会怕别人找不到自己。

有些比较清醒的人，曾经感叹自己被微信"绑架"，说微信占用了自己太多的时间。他们发起了"卸载微信"运动。然而，没过多久，他们一个个又都灰头土脸地回来了。笔者当年曾多次卸载人人网，最后也是一次又一次地重新安装。

这是为什么？因为你可以舍弃一款软件，但无法舍弃自己的社交链，无法中断与别人的关系。大家都用微信，你不用，你跟他们的联系就断了。

所有带有社交基因的移动互联网产品都是如此。

一旦用户通过某个产品与他人产生了连接，那么无论他自己是否愿意，都必须不停地使用你的产品，因为"我的朋友也在用，我怕他们找不到我""为了跟朋友保持联系，我不得不用"。因此，有社交基因的产品用户黏性往往特别强。

徐志斌在《小群效应：席卷海量用户的隐性力量》一文中提出这样一个观点："如果是因为事件驱动而组建的群，生命周期很短，无法超过 3～7 天。如果是关系驱动的（如秉持着'三近一反'原则建立的群），生命周期更长，至少超过一个月。"这同样解释了产品的用户黏性与社交基因之间的关系。

依赖用户黏性，社交产品可发展出一系列衍生功能。如微信开始"头条化"（看一看），也开始涉足搜索（搜一搜）；但缺乏社交基因的今日头条却不大可能做出个"朋友圈"。

再次,社交推荐降低了信任成本。

随着网龄的增加,我们对互联网上的广告越来越有免疫力了,但朋友分享到朋友圈的购买链接,却瓦解了我们的免疫力——既然朋友已经替我试用过了,我买他们分享的产品准没错。

就连找工作也同样如此。招聘网站上的招聘信息往往会被人忽略,但如果是朋友分享或单独发给你的,你就会更有兴趣试一试——能跟朋友成为同事总是一件好事情。领英这样的职场社交平台能够颠覆传统的招聘网站,根本原因就在于此。

如果一条信息只在你面前出现一次,你可能会无动于衷;但你的社交圈里并不只有一个人,如果圈子内的很多人都在推荐一款产品呢?比如,当我朋友圈的很多人都在推荐电影《战狼2》的时候,对看电影热情不高的我也决定去一探究竟——这么多跟我品位相投的朋友都在推荐,相信这部电影不会让我失望。

在信息的极度充沛和用户对信息的大量浪费的环境下,关系链扮演了"筛选器"的角色。可以说,社交链的筛选降低了潜在用户对一款新产品的信任成本。

复次,社交,便于建立起完整的用户画像。

用户的生活习惯、消费习惯,都能在他的社交图谱中找到蛛丝马迹。淘宝、京东这种单一的购物网站只能看到用户的部分购买数据,很难看到他们的日常生活是怎样的。

尤其是当那些有钱的消费者并没有在平台上消费或者消费很少、而那些实际收入很低却因为各种原因在平台下过大订单的时候,单一平台很难建立起清晰、准确的用户画像,相应地,也就很难对他们的消费行为进行预测分析。

相反,在社交平台上,或者是在一款非社交产品附加了社交功能之后,用户的年龄、性别、学历、职业、收入、喜好等都可以被轻而易举地挖掘出来。有了丰富的用户画像,平台便可将用户牢牢握在自己手中,最终形成商业闭环。

搞清楚了这一点，我们就不难理解，为什么支付宝就算一直被人诟病，依然不放弃在社交领域下大手笔不断尝试。

最后，社交提高了"客单价"。

这里说的"客单价"有两层含义：一是指平均每份订单的价值；二是指每个用户的价值（累计）。

平台在通过大数据分析建立起了用户画像之后，就可以对这些用户进行精准营销，进而提高用户的"客单价"。

随着人口红利的消失，用户增长越来越难。移动互联网在进入游戏的下半场之后，对现有用户进行深耕细作，提高用户的忠诚度和复购率，才是产品最核心的竞争力。用户的忠诚度高，意味着他们会充当你的"免费推销员"，为你的产品带来新的用户。

而引入社交功能，激励用户之间的互动，便可最大限度地减少"僵尸用户"，提高用户的活跃度和忠诚度。

给你的主业插上"社交的翅膀"

用户需要社交，但对创业者来说，再创造一个像微信这样的社交工具显然已不合时宜。选择一个细分的人群市场跑马圈地，是留给当下社交领域创业者的最终道路。

别想着做社交，而要借力社交。所谓借力社交，即社交并不是主业，但可以给主业插上"社交的翅膀"，让主业"飞起来"。

在本书后续的章节里，我们将陆续推出"电商＋社交""新零售＋社交""游戏＋社交""知识付费＋社交""直播＋社交""运动＋社交""旅行＋社交""餐饮＋社交""招聘求职＋社交"等各个版块。在这些领域里，已经有先驱者取得了不错的成绩，希望后来者能站在他们的肩膀上腾飞。

第二章

电商+社交： 从有计划寻找到计划外偶遇

❖ 以往的购物都是有计划地寻找，而在社交中产生的购物需求，大多都是计划外的偶遇。

❖ 没有什么比"买买买"更能聚集起一群女性了——"我的闺蜜最近买了××，我也要去买"。而用户一旦上了这条"贼船"，就很难下船。

❖ 喜欢围观别人的生活是人性的一大弱点，社交电商将这一弱点的价值发挥到极致。

用户的社交圈与购物决策

女性在整理衣柜的时候，经常会发现一些买来后只穿过一两次就被长期闲置的衣服，甚至有的衣服在买来之后连标签都没拆就被打入了冷宫。既然这些衣服根本用不着，那为什么还要买？答案也许仅仅是因为"我在朋友圈看见别人买了，当时觉得不错""闺蜜推荐的，我觉得她说得很有道理"。

对陌生人晒的购物照片熟视无睹，稍微理智一点的女性都能做到。然而，如果是闺蜜在私聊中发来一个购物链接，她们还能保持淡定吗？过去闺蜜之间表达友情的最亲密方式是一起逛商场；到了电商时代，尤其是移动电商时代，大家逛街的兴致都下降了，因此，闺蜜之间表达友情的常见方式变成了甩给对方一个自己刚刚下单的购物链接。

"闺蜜推荐"具有极强的杀伤力。女人把自己的购物链接发给自己的闺蜜,可能的动机有这样几种:其一,分享一下买到好东西之后的喜悦心情;其二,希望能赢得对方的夸赞和恭维;其三,对方拥有类似的物品,发这条链接旨在"雪耻"。在某些情况下,三种动机同时具备。

在大多数情况下,无论发链接的人动机是什么,收到链接的人往往会想:"嗯,她说得好像很有道理,又没有多少钱,不如我也入手一个吧。"

很多产品的评估难度比较大,信任成本很高,商家往往投入了巨额的广告费,也换不回消费者的信任。但如果是熟人推荐的,或者仅仅是因为看到了有熟人在朋友圈"炫秀晒",消费者就可能会产生购买行为。在转化率上,社交关系中的"熟人信用背书",要比明星代言的广告强得多。

社交网络越来越无孔不入,消费者对品牌的认识也越来越丰富。一个人的消费决策,在很大程度上是由他的社交圈中的其他人决定的。也就是说,最重要的不是买什么,而是"谁也在用""是谁推荐的"。因此,商家如果能巧妙地利用发生在消费者之间的"熟人信用背书",就能极大地降低获客成本。

因信任感而产生的信用背书,不仅发生在熟人之间,也可能发生在"与我有相同点的人"之间。比如,我们上一次买过同样的鞋子,证明我们品位相似,那么这一次你推荐的裙子,我也会考虑一下;我们喜欢同一个作家、同一个明星,那么你推荐的书、电影,我也会愿意尝试;我们最近都在给小朋友挑选幼儿园,我们就有很多育儿经验可以交流。

这种信任感,看起来是很无厘头的,但感性的用户确实会这么做——看见那个"在其他方面跟我相似"的人在用某个东西,"我也要"的概率就会比较高。

徐志斌在《社交红利2.0》中表达过这样的观点:每个消费者都面临过度充沛的信息,如何对这些信息进行筛选,普通消费者的精力和专业能力都不够。在这个时候，"关系链"就扮演着筛选器的作用——一条信息(或一次服务)是不是有价值，能否为好友带来收益，会经由关系链来检验确定。

以往的购物是有计划地寻找，而在社交中产生的购物需求，则大多都是计划外的偶遇。

直接在社交网络上"甩链接"，还只是闺蜜推荐的1.0版。这种方式虽然刺激了冲动消费，也解决了信任背书问题，但却很难实现病毒式传播和指数型增长。一些有创造力的商家，推出了更高级的玩法。

首先，请一个网红来代言产品，让网红跟粉丝们亲切互动，粉丝越看越兴奋，甚至把网红当成了自己身边的熟人，产生"我也要跟她一样"的想法，不知不觉就跟风购买了。

其次，把那些有潜力成为买家的粉丝都聚集在自己的在线社区或社群里，让他们在这里交流购物心得，交流到兴奋时，可能不知不觉就下单了。

再次，建一个在线社区，圈一些准妈妈和新妈妈进来，或者让一些喜欢养宠物的人进来。在这个群里，用户之间不聊购物，而是聊孩子、聊猫狗，通过聊天建立起"革命友谊"。由于寻找共鸣的需要，用户一旦加入这个社区，就再也难以离开那些别人家孩子的爹妈，也离不开那些"猫朋狗友"。用户对社区有归属感了，再在里面发广告，广告上的产品就是针对用户的孩子和宠物，如此一来，他们能不买单吗？

最后，组织一个在线沙龙，圈一帮女文青进来。女文青都比较"高冷"，不会一开口就直接聊购物、聊孩子，那么就一起聊聊电影、聊独立人格和生活品位吧。聊着聊着，女文青突然发现，这里有一款很符合她生活品位的包包，于是乖乖中了"套路"。

因为有社交关系的存在，你卖的产品仿佛不是赚钱的工具，而是连接用户的工具，这样，用户明明是花了钱，还在帮你宣传。

社交网络时代的电商，如果能充分利用好购物爱好者喜欢分享、喜欢"炫秀晒"的心理，那么业绩提升就能取得事半功倍的效果。

仅凭教人打扮，也能成为"大V"

在以微博和微信公众号的崛起为特征的自媒体时代，一大批有才华的草根作者通过写文章、编段子、画漫画和录制短视频等方式脱颖而出。在成为"大V"之后，他们通过用户打赏、卖货或代言品牌广告的方式实现了日进斗金，放在以前，这简直是不可想象的。可以说，自媒体让这些人少奋斗了几十年。

然而，写一篇爆款文章或画一幅转疯了的漫画，是一件门槛很高的事情，大多数人根本做不到。此外，不会写段子、不会画漫画的普通人还有成为"大V"的机会吗？别急，有，当然有！

早期的"大V"，都是通过"秀思想"来赢得粉丝的，但到了网红经济时代，一个女孩只要品位好、擅长打扮，再在网红孵化器接受一番培训，通过在微博或直播平台上晒服装、教别人怎么穿衣服，就能够日进斗金。在创造商业价值方面，这些教人打扮的网红不仅不会比那些写文章的文人骚客逊色，而且还可能技高一筹。

2016年，我们多次看到网红收入超过明星的报道。其中，月收入超过2000万元的王思聪前女友雪梨是名气最大的一个。

因此，缺乏文艺才华的普通女性要想改变命运，如果能从自己身上挖掘出具备成为网红的素质，就有机会如愿；对商家来说，如果能利用好这些草根出身的网红群体，不仅效果比明星代言好，而且成本也要低得多。

与大多明星并不真正了解自己所代言的产品不同，网红们往往对自己所代言的产品有着深刻的了解,热爱和使用这些产品,甚至网红自己就是该品牌的创始人。这样,网红就被赋予了品牌的"可信任感"。

另一方面,热衷于跟网红互动的粉丝(大多来自三四线城市),大多文化素质不高,"大V"们的文章他们看起来吃力,无法参与互动;相比之下,网红们晒衣服、晒照片就"接地气"多了,也更能调动起粉丝们的互动热情。

在业内人士看来,网红并不只是浅薄的哗众取宠,网红商业也不只是"直播卖货"。它的意义是卖方与顾客深入的、数字化的互动,通过有效互动建立持久的关系。它的商业价值表现在:新渠道、原创内容和个性化关系。

上海高级金融学院教授陈歆磊在一篇文章中评论道,网红作为"精神领袖"以社交为突破口,将互联网品牌营销与消费者兴趣痛点融合,打破传统商业与社交的界限,使消费者在社交互动时潜移默化地接受品牌植入,消费者的参与感和情感共鸣,也让更多潜在消费者更直观地了解产品。这比普通的商业广告转化率高多了。

网红的粉丝,主要集中在三四线城市。

三四线的姑娘,对一线城市女性的穿着打扮、生活方式十分向往,但她们在自己身边看不到这样的人,所以就只能去看网红;而在一线城市,会打扮的人实在太多了,女孩子只要看看自己身边的同事、同学甚至"路人甲",就知道怎样穿更好看,无须找网红去买货。

对很多三四线城市的小姑娘来说,她们关注的不是网红,而是一种生活方式——买网红的东西,过网红那样的生活。

然而,在高知群体中,网红的口碑却不怎么好,这让很多普通品牌明知利用网红和直播可以增加销量,却又不敢轻易使用。大品牌还在观望,不会滥用网红。小品牌为博出位,反倒会抓住一切机会。事实上,这两年借助于网红崛起的,大都是原先默默无闻的小品牌。大品牌是时候考虑"放下身段",用可互动性强的网红代替那些"高冷"的明星了。试试后你可能会发现，这样不仅降低了成本，而且增加了销量。

淘宝上有个网红鞋店 studiolee，该网店连网页上的英文都曾有错误，却不妨碍它成为女鞋类淘宝店的领先者。它曾创下单款鞋子最高销量达 6 万双的记录，上新的爆发力可达到千万元销售额。

在不上新的日子，studiolee 的店铺中几乎没有产品。一到上新的日子，粉丝需要守着手机掐着秒表抢购，或用代拍加价的方式才能第一时间买到现货。往往一款产品上架 2 个小时，已经是供应链能够承受的销售量极限。

店主葡萄妈经常陷于"被粉丝责怪抢不到，被工厂责怪安排不出生产周期"的境地。

这家店到底有什么来头？

早期，店主葡萄妈因姣好的外貌、个人审美优秀和穿衣风格突出，通过在微博账号"葡萄 Lee"上分享穿搭、生活内容等方式，无意中积累了一批粉丝。同时，她还看到粉丝对于拥有一定设计感、高质量的产品有着强烈的需求。于是，在 2013 年她产生了开店的念头，这就有了 studiolee。

对一个新店铺来说，选款往往是押宝的第一步。在与粉丝多年的交流互动中，葡萄妈已十分熟悉粉丝们的风格和喜好，因此，店铺选款基于葡萄妈个人的审美和粉丝投票。葡萄妈还利用微博提前让产品大量曝光，提高粉丝对产品的渴望，以此拉动销量。

studiolee 淘宝店平时并不卖货，每个月开放购买两次，每次推出十来款鞋并接受预订，只开放大约一个小时，订完即止。其余时间，葡萄妈都在微博上发内容，跟粉丝互动。

店主在微博上的话题大多是关于鞋子的：展示试穿图、粉丝讲述穿感体验、录制视频介绍产品细节，甚至公开制鞋的工厂，解构每一个生产流程。这种透明化的操作很容易赢得粉丝的信赖。

偶尔,葡萄妈也会在微博上分享自己与家人的日常,自然而然地让粉丝更加信任她。

虽然葡萄妈的微博只有 80 多万粉丝,但互动量却是惊人的,可能仅仅一个晚上就会回复几百条留言。这样可以牢牢拴住粉丝的心。

像葡萄妈这样的网红,她们算是没有才华,还是重新定义了才华?

(案例资料摘选自《天下网商》的报道。)

TIPS

1. 在网红经济中,才华被重新定义——即便不会写诗和画画,会穿衣服和会打扮也是一种才华。

2. 网红的才华得以发挥的前提是粉丝愿意"买账"。对粉丝来说,网红教她们打扮这件事情是有价值的,因此,她们不仅乐意参与互动、做回头客,而且乐意向身边的好姐妹推荐。这就同时解决了用户黏性和自发传播的问题。

3. 在社交媒体时代,草根出身的网红能赶超大牌明星的关键原因是,她们身段低,能够带着感情去跟用户互动,让用户觉得自己跟网红是朋友。也就是说,用户跟明星之间是没有社交关系的,但跟网红有。

从交流购物心得中发现商机

几个不太熟悉的女生聚在一起,如果想打破冷场,最可能聊点什么呢? 八成是"你这件衣服是在哪里买的?"当然,彼此熟悉的女生在一起交流购物心得,就更常见了。

有个叫"小红书"的跨境电商 App 正在向广大热爱交流购物心得的女生招手：如果你有过海外购物经验，欢迎来这里跟大家分享；如果没有也没关系，那就来看看别人写的购物心得吧。通过购物笔记功能，小红书牢牢地吸引了一大批喜欢聊衣服、聊化妆品的女生，并因此成为跨境电商的经典产品。现在，国内大部分海淘人群都是小红书的用户，它甚至还得到了李克强总理的点名表扬。

2012 年，在斯坦福大学深造的留学生毛文超在网上替前往美国旅游的父母找了一堆旅游攻略，却发现找不到购物攻略。自 2007 年从上海交通大学毕业后，毛文超曾去过全球 20 多个国家，算是旅行经验丰富、见多识广了。然而，他也经常为身处异国该去哪里购物而感到困扰。

不知道去哪里购物，这并不是毛文超个人面临的问题。2013 年，中国有超过 8000 万人出境旅游，但他们不知道哪些产品值得买，又该花多少钱买。

于是，2013 年 9 月，毛文超联合对购物信息敏感的女性朋友毛瞿芳，推出了在线服务小红书购物攻略。

小红书购物攻略瞄准了爱好出境旅游和购物的高价值女性用户，这批用户以一二线城市的女性白领为典型代表。在这里，每天上万条购物攻略都是由有过海外购物经验的真实用户自发生产的，因此这是一个典型的解决出境购物痛点的工具性产品。在苹果应用商店上线 3 个月后，小红书出境购物攻略 App 的下载量已达数十万次。

购物信息是不断变动的，但购物攻略上提供的信息是静态的，甚至可能是过时的，只有海量的实时信息才能满足海量用户对纷繁复杂的购物信息的需求。因此，在 2013 年 12 月，小红书又上线了购物笔记功能，鼓励用户分享和交流自己真金白银砸出来的境外购物心得。小红书借鉴了游记分享应用，将信息结构化——App 上的每个商品信息都有品牌、照片、用户心得、价格和购买地点的说明。

为调动起用户分享和互动的积极性，在内容上有贡献的用户会得到积分奖励。社区里有购物达人榜，每个达人会有类似皇冠、勋章等代表达人级别的虚拟头衔，用户还可以关注自己感兴趣的达人，及时查看达人们分享的信息。如果有更多疑问，可以通过评论和楼主互动。

"购物笔记核心用户是爱购物、爱分享、爱讨论的年轻女性，她们的分享欲望是很强烈的。很多人刚进来的时候，是寻求帮助的角色，当她获得帮助完成购物之后，就自然变成分享的角色。很多用户刚买完就会上来晒货。"毛文超解释道。

购物笔记每天的新内容上线后，互动率能达到20％以上，这个数字在垂直类社区应用里面是领先的。

用户耗费那么多时间写购物笔记的动机，按优先等级可划分为以下几种：分享自己获得优质产品的心情和购物心得；获得他人对自己入手的优质产品的羡慕和赞同；从他人的认同中获得满足感。

那看别人购物笔记的动力又从何而来呢？一个女性用户的解释颇有代表性："每个女生都有一帮闺蜜，她们在下午茶时和在微信群里都会分享最近买了什么好东西，小红书就是把我的闺蜜圈从线下搬到了线上，还延伸到了全世界。想知道美国、日本、韩国最近出了什么新东西，去小红书看看就好。有时候我买到很喜欢的东西，也愿意去分享，反正男朋友也不会懂的。"

当女性用户在一个购物分享社区中逛久了，就会很自然地产生购买的需求。因此，2014年12月，小红书上线了电商平台福利社，在零广告情况下，半年时间销售额就已突破2亿元。

没有什么比"买买买"更能聚合一群女生了——"我的闺蜜最近买了××，我也要去买"。而用户一旦上了这条"贼船"，就很难下船。

小红书的用户被称为"小红薯"，这群小红薯围绕着"买什么""哪里买""多少钱才值得买"等问题展开讨论，互为顾问。从每天社区都能产生超过几百万个赞，就能看出其热闹程度。

而大家分享了什么、点赞了什么、买什么产品的人最多等数据，都成为小红书选货（"卖什么"）的依据。这样的选货方式，决定了小红书具有超强的打造爆款的能力。

瞿芳说："小红书做电商并不算是转型，社区始终会是战略重点，在产品上也可以看到，小红书社区被放在第一屏的位置，福利社在第三屏。"将社区放在第一位，会让败家女们放松了警惕，这也正是小红书的狡猾之处。

这种建立在共同的兴趣爱好基础上的电商平台，很容易让用户产生"谈钱伤感情"的情结。2017年年初，小红书对用户做了一次大规模的访问，访问对象包括新用户、只看社区不在电商买东西的用户、买过东西但很久没有回购的用户，等等，访问结果显示，用户产生购买行为很少是因为商品便宜，而是因为信任小红书。

这种信任感的表现在于，不思考就产生了购买行为，而至于产品是不是正品、价格是不是划算、买完会不会降价、物流会不会太慢、出了问题客服能不能解决，这些都不重要。毛文超说，这些都是中国电商环境下消费者活得累的地方。

普通的自媒体一发广告、一卖货就掉粉；而小红书卖货，粉丝却更喜欢它。

因为用户使用购物笔记社区就是为了获取和分享有价值的海外商品购买信息，商家的折扣促销、新品发布等信息是基于购买目的在用户关系链中传播，所以在传播效果上并没有让用户觉得有明显的违和感。

现在，小红书的用户已经超过5000万，每天的笔记曝光增长到10亿次，在用户体量、活跃度各方面，都是同行业里的第一名。2017年6月8日，小红书搞了一次促销，开卖2小时，销售额达到1亿元。

最新的趋势是，小红书的影响力开始由一线城市向二三线城市蔓延，社区里出现很多二三线城市的年轻女孩；一些在二三线城市活跃的品牌，如Za，在电商频道迅速蹿红。在整个体量上，二三线城市要比一线城市大得多，这或将是新一轮的增长点。

TIPS

1. 长期在一个社区里混，哪怕并没有直接产生过一对一的交流，读购物笔记的人也很容易把写购物笔记的人当成熟人，因此很容易对对方发表的购物心得产生信任感。有了信任感，再把别人的购物笔记当成自己的购物指南，购物就成了顺理成章的事情。

2. 如果明目张胆地把购物版块作为重点来运营，很容易让用户产生"又要骗我买东西了"的警惕；但把交流购物心得放在首位，不特意强调卖货，反而会让用户对平台产生信任感。因此，虽然被定义为靠卖货盈利的电商平台，但购物笔记却被小红书视为核心。

先提供一个"晒"孩子、"晒"宠物的平台

除了衣服和化妆品，女性聚集在一起聊得最多的，可能就是孩子和猫狗。针对喜欢"晒"孩子的年轻妈妈或孩子尚未出生的孕妇，商家搞出了母婴社区、母婴电商；针对喜欢"晒"猫猫狗狗的主人，商家推出了宠物社区、宠物电商。猫猫狗狗跟孩子的相似性，决定了这两种社区在动机和运作模式上也异曲同工。

从备孕到怀孕的整个过程，兴奋和焦虑都和准妈妈们如影随形。兴奋，是因为快要当妈妈了；焦虑，是因为不知道备孕和怀孕需要清楚哪些注意事项，虽然已久有不少过来人给过建议了，但她们还是特别担心漏掉哪一条。此外，从少女变成妈妈，准妈妈们也需要一个心理上的适应期。

兴奋的情绪跟别人分享，幸福感会上升；焦虑的情绪跟别人分享，焦虑感会得到缓解。因此，女性迫切希望把这些心情分享出去，寻求共鸣和鼓励。

然而，大多数人在现实生活中的人际圈子是有限的，找不到那么多可以分享

的人，更何况，很多女人怀孕后就变成待在家里的全职主妇，这样的人圈子就更小了。在现实中遇到的朋友，未必有耐心听你聊你的肚子和你未来的孩子。

微信朋友圈也不是一个适合聊这些的场合。因为很多人跟你没那么熟，根本不关心你和你未来的孩子；即便是熟悉的人，也大多无法忍受朋友频繁"晒"肚子。因此，在微信朋友圈里写自己的"怀孕日记"，往往会被屏蔽甚至拉黑。

找一群志同道合的准妈妈一起"晒"图并互相点赞，是比较明智的。因为这些志同道合的人都跟你有同样的需求，她们更能够换位思考，因此能够理解你的迫切需求。

在宝宝树、宝宝知道、辣妈帮、妈妈圈等母婴社区里聚集着一大批孕妇。在这里，你可以分享自己备孕时的焦虑和怀孕后的兴奋，没有人会反感，因为大家都怀着同样的心情。这里还有很多已经生完孩子的过来人，她们不仅可以与新手妈妈产生共鸣，还可以提供经验指导。

等孩子出生之后，女人还会面临怎样坐月子、产后抑郁怎么办、手术伤口或孩子发烧应如何处理等问题，这些都会在社区里得到解答。答案来自两种渠道：其一，有经验的妈妈们发的帖子；其二，专业医生的免费直播课程。

从怀孕到生孩子整个过程也是对夫妻关系和婆媳关系的考验，因此，社区里会出现一些控诉老公和婆婆的文章，比如《老婆痛宝宝闹，老公在玩王者荣耀》《我视如珍宝的女儿，回了婆婆家一趟却被这样对待》等，而这些文章写的都是新妈妈们最关心的话题，她们会觉得这些文章表达的正是我的心声。

如果光在线上交流，那用户之间就只能是网友。网友长时间不说话，就变成陌生人了。因此，这种社区一般都会以城市为单位安排线下聚会。通过线下聚会，一帮宝妈变成了生活中的朋友。给孩子买什么尿不湿、故事书、玩具等，围绕着养孩子，这些人有着聊不完的共同话题。

一个平台给你带来很多生活中的朋友，你当然会对这个平台充满感激；同时，因为这些生活中的朋友都在线上，所以你也变得离不开这个平台。你需要向这些朋友分享你的日常，也不想错过她们生活中的精彩。这个时候，用户黏性就形成了。

等你发现自己已经离不开这个平台了，也就中了平台的"套路"。你本来只是想看一个有趣的故事，看到末尾才发现文章内附二维码，一不小心扫描了一下，几百块就花掉了——各种关于妈妈和宝宝需要的东西，那些有趣的故事全都给你推荐了。

喜欢养猫猫狗狗的人，跟那些年轻的妈妈们面临着同样的问题：在现实生活中的圈子里，找不到几个可以聊聊自己猫猫狗狗的对象，他们也迫切需要一个平台来"炫秀晒"。这一困境，便成就了波奇、闻窝窝、狗民网、好狗狗身边、暖窝、爬行天下、乐宠等在线宠物社区。

这些宠物社群的创始人自己都很喜欢宠物，他们中的大多数人都有养宠物的经历，因此特别了解这个用户群体的心理需求。

在这些社区里，用户晒自己的猫猫狗狗，等着别的用户来点赞和评论。相互点赞和评论得多了，用户就成了朋友。此外，用户还会因为一起聊猫猫狗狗的日常生活而加深了友谊。这种以猫和狗为纽带而结交的朋友，我们称之为"猫朋狗友"。

"好狗狗身边"App还借鉴了微信及陌陌成功的产品开发理念来不断完善自身的社区交友功能。比如，用户可以在这个App上通过"附近的狗"功能，找到在同一社区遛狗的其他用户，并有机会面对面交流。

按"好狗狗身边"创始人刘志雄的设想，如果能在社区交友功能上实现突破，那么，"好狗狗身边"不仅会在用户基数及使用黏性上出现质的变化，还能为社区周边的宠物店、宠物医院导入更多的客流，帮助它们实现O2O电商化转型的梦想。

比帮助用户交友和给宠物店导流更重要的是，社区自己也要直接从用户身上赚钱。波奇等宠物社区不仅设置了宠物百科、宠物商店等版块，还为用户提供宠物洗澡、美容、相亲、寄养、绝育、体检、摄影、训练等十余种细分服务。基于在社区中互动形成的情感基础，社区本身出售服务并不会让用户感到别扭。

 TIPS

1. 孩子和宠物很容易成为家庭主妇跟别人聊天时的谈资。让这些有共同话题的人聚集在一起，他们能自发地发生"化学反应"，催生出各种各样的消费需求。向这些心系孩子和宠物的人推荐婴幼儿和宠物用品，他们不仅不会排斥，反而会心存感激，认为你想得周到。

2. 因为有孩子和宠物这些精神纽带，用户之间很容易建立情感连接。一旦他们认定彼此为朋友、亲人，就很难再离开这个平台了。这个时候，用户黏性就形成了。

通过文艺沙龙来引流

对受过良好教育的高知女性来说，赤裸裸的"买买买"和"炫秀晒"都太简单粗暴了，不太符合她们的格调。

高知女性都以自己独特的人格和品位为荣，因此，哪怕是去做一些柴米油盐的琐碎之事，她们也会想方设法为其披上文艺的外衣。精明的商家们自然深谙这种心理，组织了一些精神交流活动来满足这一人群的需求，然后在不知不觉中，以迅雷不及掩耳之势把商品卖给她们。

高知女性是被忽悠了吗？不，商家只是与她们达成了一种合谋。这种合谋，精妙地满足了她们坚持格调、顺便"败家"的心理。

现在,我们来看看虚拟沙龙玲珑是如何玩转高知女性的吧。

玲珑的定位是女性兴趣移动社区。该社区的主要运作方式是:定期举办一些文艺色彩较浓的线上沙龙。举办线上沙龙,最重要的就是要有一批有知识、有观点的意见领袖。玲珑的创始人于困困是媒体人出身,她有意见领袖及媒体的资源,因此,玲珑的种子用户也大多是一批有内容生产能力的媒体人。其早期的用户加入采取邀请码制,被邀请进来的人也都具有一定的内容生产能力。

在玲珑中,发起话题的方式被情境化,"尽情问我""一起聊聊""不服来辩"……几乎穷尽了沙龙这种群体式的讨论场景:"尽情问我"是一对多的观点输出,服务于达人,又通过提问再现了线下最为活跃的问答环节;"一起聊聊"是多对多的群组讨论,用户对某一个话题各抒己见;"不服来辩"则更多的是一对一的观点交锋,如同王自如和罗永浩之间开展的精彩对话。

玲珑还会就目标人群感兴趣的话题,邀请到她们欣赏的沙龙主人。比如,当美国的同性恋婚姻合法化在网上炒得很热时,玲珑就请到同性恋作家林建分享他和自己的同性伴侣的婚姻故事。

在接受 36 氪和钛媒体等多家媒体采访时,玲珑的创始人于困困是这样描述玲珑的用户的:

第一,生活在一二线城市的独立女性,受过高等教育,年龄为 22～32 岁;有些知识,在智力上有优越感;最烦"没脑子"的女生;有点智趣,不喜欢鸡汤和垃圾。

第二,有个性、自我比较强、对世界充满好奇和进取心;既没有触碰到职场天花板,也没有被家庭束缚,正处于人生快速发展的"上升期",有着极强的成为更好的自己的渴望,希望能变得与众不同。

第三,有一定审美趣味,要面子;认为品位和聪明同等重要,既不肤浅,也不土鳌;讨厌俗气,不喜欢炫耀。

第四，注重自我提升，也有购买力，有一定物质基础，买东西会优先选择小众设计师品牌，不考虑预算的话，买包包喜欢芬迪(Fendi)、爱马仕(Hermes)和普拉达(Prada)。

第五，在线下的生活中是意见领袖，或正在成为意见领袖的路上；在细分的话题中，以达人方式存在。

"把这群人捆绑在一起的不可见的空气，就是调性。"于困困反复强调："我们面对的女生不是广泛意义上所有的女生，主要针对的是受过良好教育、在都市生活里有一定审美趣味的女性。"这个群体的调性是：秀外慧中、雅痞，拥有独立人格和高品位。几乎所有媒体对玲珑的报道中，都会用到"雅痞"一词，可见于困困对这个调性的看重。

创始人用这么一大堆美好的词语描述自己的用户，显然极大地满足了用户对"荣誉感"的追求。

玲珑的用户哪怕其实很普通，但一旦被贴上"秀外慧中""独立人格""高品位"这样的标签，就会觉得自己是"被上帝选中的孩子"，充满自信心。这跟很多自媒体喜欢将自身定位为反映中产阶级的趣味生活，将自己那些刚刚温饱的普通读者捧为中产是同一个逻辑。

玲珑聚焦的不是物，在金钱、名利之外，玲珑把社区运营的要点落在了"智趣"二字上。用于困困的话来说："智趣是生活中湿润的部分，正是这些塑造了'你的生活'，把你从平凡、庸碌、看上去了不起其实特别可怕的'生存'中拽出来。"

为了维持"智趣"，同样是讲两性关系，玲珑请的不是陆琪，而是戏剧导演林奕华。"林奕华讲的其实也是鸡汤，但他会以特别文艺以及他自己理解世界的方式去告诉你，他理解的两性关系是一种什么样的关系。这样的呈现就比陆琪的呈现高明，它是一个能够让你的整个调性和内容格调品质都拔高的一个东西。"

有朋友向于困困吐槽玲珑的话题太高冷,于困困再次强调:"我们的用户目标比较精准,玲珑不是面对我们爸爸妈妈或三四线城市乡镇读者的鸡汤号,鸡汤不是我们玲珑要提供的东西。我们的目标用户想要的东西,第一是漂亮的东西,第二是有趣的东西,第三是有知识的东西,第四是有个性的东西。那我们就给她们这些东西,我们每期的话题也都是这些东西。"

于困困表示:"玲珑大部分用户来自北上广深,还有一部分海外用户,这说明我们的用户定位是精准的,那些高收入、有意思、有审美的女生真的被吸引过来了。"

于是,借由玲珑,这群原本分散的雅痞女性正在经历着一轮被再度塑造的过程,她们又产生了一种新的身份——玲珑女青年,她们认可玲珑塑造的价值观,愿意遵守和维护其中的规则,在玲珑中分享和提高自我。

但对玲珑来说,这显然不是它建立的主要目的。对于困困来说,用户是否有意思是次要的,用户拥有高收入和高审美才是玲珑最看重的,因为玲珑也要销售产品。在于困困看来,22～32岁是女性的黄金十年,这个阶段也对应着女性黄金的消费能力,因此,这群有品位的玲珑女青年正处在一个热切的消费升级状态。

为了发展达人经济,引领生活方式,玲珑沙龙已经跟普拉达、帕玛强尼等很多大牌有过合作了。

笔者下载安装"玲珑沙龙"App时,手机应用商店对它的推荐词是:"一个主流但有态度的女性社区"。页面上还有"雅痞青年进阶指南"与"和海量酷女孩一起发现世界",但登录进去之后,已找不到多少沙龙信息。

在首页,笔者看到一篇标题为"时尚就是高贵冷艳? 净瞎说!"的文章,点击进去,就发现文章链接到了时髦衣服订阅式租赁平台NAIVE(那衣服)。点开另一篇《小众挖掘机,拒绝烂街爆款》之后,末尾附上了"加我微信×××,我会拉你入群，一起开心地买买买"字样。

玩了半天的风雅，最终还是逃不过"买买买"。

新榜在对玲珑的报道中说过，在"她经济"盛行的当下，在"买买买"的背后，已经不仅仅是原始"得"和"晒"的欲望，而开始转向更为深层的独立人格以及高品位的生活方式。言外之意是，独立人格和高品位能够让买买买和炫秀晒更体面。

（本文部分资料参考了 36 氪和钛媒体的相关文章。）

TIPS

> 　　通过文艺沙龙来引流，最后实现销售产品的目的。玲珑的成功之处在于，给了用户归属感和荣誉感。归属感是因为她们能在这里找到很多跟自己志同道合、品位相似的交流对象；荣誉感，则是因为玲珑的"雅痞"标签让用户的购物行为变成一种精神生活。有了归属感和荣誉感，用户黏性和活跃度自然不在话下。

第三章

新零售+社交：感情第一，买卖第二

❖ 新零售之"新"，关键在于强调体验，而不刻意强调卖货。店员扮演的角色不再只是简单的导购，更多的是顾客的玩伴。只有先忘记"卖卖卖"，才会有"买买买"。

❖ 消费者不仅可以通过在社交网络上的"炫秀晒"参与到产品的销售环节中，也可以通过跟制造商的零距离互动参与到产品的设计中。

先忘记"卖卖卖"，才会有"买买买"

电商在线上获取流量的难度越来越大了，而实体店却是自带流量的，因为总有消费者在路过时忍不住进去店里看看。此外，实体店还可以帮消费者打消对货品质量的疑虑。因此，在打垮了别人的实体店之后，电商品牌纷纷开始发展线下实体店，为线上店铺的发展引流。

马云说："在未来没有电商和实体店的区分，零售都将统一到线下与线上的融合中，这便是'新零售'。"在新零售中，社交关系扮演着重要的角色。

很多商场的导购员都是这样工作的：一个新顾客光顾你的店，刚进门你就急切地迎上前去询问："先生/小姐您好，请问您需要点什么？"他们为什么总是急切地迎接顾客？因为他们急着卖货、成交。站在顾客的角度，总是带有一些被强行推销的意味——我连你店里有哪些货还没有看清楚，你就急着卖东西给我？这会给顾客造成压力和不适。

但在新零售时代，这样的局面将会发生根本性的变化。

在新零售情景中，线下门店的主要使命将不再是卖货，而是让顾客体验商品，为品牌聚集人气以及为线上销售引流，而真正的交易是在线上完成的。在这种情况下，老板不再考核门店的销售额，门店员工的主要使命是打造一个富有吸引力的场景，让进到店里来的顾客有好的体验。

有的顾客不会搭配服装，需要店员来教；有的顾客不了解新上市的电子产品，也需要店员来教；顾客一个人玩没意思，需要有人跟他互动，这时，店员就应当做一个陪顾客体验的"玩伴"。

顾客的体验很好，很有可能会顺便扫描墙上的二维码，进入网店下单。同时，还可以再扫描另一个二维码，关注商店的微信公众号或进入微信群，成为粉丝，方便再次购买。

这个顾客在关注你们的微信公众号后，还会自发地分享传播精彩的内容。也就是说，即使是没有实际购买能力的用户，也还是可以通过传播为门店的流量做出间接贡献。

因此，店员一方面会积极地去做个好"玩伴"、营造好的场景，另一方面又会避免去做一些急功近利的强行推销，这便极大地改善了顾客体验。

在新零售时代，成交成为消费体验过程的"附属品"，只要有了好的体验，成交便是一个水到渠成的结果。

另外，通过让顾客在店里"扫二维码"，商家便可以将这一群审美情趣相似的人聚集在一起。

现代人既孤独又自我，他们只愿意跟志同道合的人聊天，也只有志同道合的人才能缓解自己的孤独。商家的会员们审美情趣相似，那在这里遇到能聊得来的人的概率自然要比在其他地方高。当用户有彼此吸引的可能性，商家就有了做社群运营的动力。当粉丝彼此之间成为朋友，他们一定会对充当"媒人"的商家充满感激，因此也会对这个品牌更加忠诚。

商家可以按地域、商品类别等将用户分为更精细的小组(小群)，便于组织线下活动。因为女人在一起聊服装、聊孩子的兴致很高，她们也总喜欢成群结队地出现，因此女装品牌组织一群女粉丝穿着同样的衣服去郊游、烧烤，吸引了不少粉丝踊跃参加。别怀疑，女装品牌茵曼已经在这么干了。

此外，消费者与品牌之间的关系还在发生着新的变化。

在传统零售时代，消费者与商家之间是单向的、对立的买卖关系；但在新零售时代，消费者通过场景交互，参与了价值创造的全过程。

同类消费者共同参与一项活动(而不是选购)，把需求分析进行消费实践落地，而后其体验的反馈数据又将返回至商家的数据系统，最终又通过分析输出，回到消费体验端口落地。这样，消费者既是产品的需求者，本质上又是产品的研发者、生产者，这使得供货形式变得很有针对性，能极大地提高规模化供货的市场命中率，也从模式上根本降低了满足个性化需求的成本。

因为社群的存在以及粉丝忍不住将美好的消费体验跟亲友分享的冲动，很多粉丝都成为品牌的免费传播者。品牌商会利用粉丝的这种心理，发动粉丝鼓舞带动其他人消费，以此实现病毒式传播。在这里，粉丝就扮演着一个消费商的角色。

互联网女装品牌茵曼做得更"绝"，该品牌发动了一些 VIP 粉丝成为加盟商；实际上，茵曼所有的加盟商都是从粉丝中产生的。这样的加盟商更加了解品牌的调性，并且根据"人以群分"原则，她们自己的朋友圈中也会有更多的喜欢这个品牌调性的潜在粉丝，因此，做起来会比较得心应手。

总之，在新零售中，感情第一、买卖第二，用户的体验感才是所有决定成败的关键。只要顾客开心，"买买买"是水到渠成的事。

零食，不是用来吃的

性格内向，暗恋一个人却不敢说，怎么办？这种窘境，或许可通过网红零食轻松化解。

2016 年 4 月，有 2000 多家分店的零食业巨头良品铺子推出过一款可以写字的饼干——来往饼，顾客可以以饼传情，对方也可以配上文字回赠你，这样互相表达心意。同年 8 月，另一零食巨头百草味推出的抱抱果意图则更加直白，就是用来向异性撒娇。

新零售时代，产品销售彻底让位于情感营销。这种能够调动起消费者某种情愫的商品很容易成为大家争相谈论的话题，进而形成"人人都是代言人"的局面，带来影响力的指数级扩散。

来往饼不是用来吃的，它原本就是为社交而生的。良品铺子推出来往饼，是希望吸引"低头族"放下手中的手机，参与到线下的社交中来。

消费者买了来往饼之后，可以在饼的包装上写自己想跟对方说的话，然后将它送给自己的家人、朋友、同事，最终引发他们走入真实的社交之中。用户拿到来往饼后，还可扫码跳转至 H5 游戏，通过游戏与朋友互动。

因此，来往饼特意将包装做成信封的样式，一面是透明的，另一面是可以写字的牛皮纸，还赠送一支白色的羽毛笔和一份社交攻略手册。这样，买家就可以随心所欲地写下自己的想法。

为配合这款产品，产品设计方还设计了一只萌趣十足的交际狗，每份来往饼上都有它的漫画；此外，不少的小信封背面还印有暧昧的语句。

从外包装上看，8 片信封形状的来往饼插在红色邮筒中，完美还原了书信传递的过程，当你收到这样一份礼物时，就像是收到整整一箱情书。

总之，"来往饼"让人与人的之间的关系更加温暖。

而百味草推出的抱抱果实际上就是枣夹核桃。抱抱果这个名字很容易让人联想起天真烂漫的儿童歌曲《爱我你就抱抱我》，这极大地迎合了女生们"小作怡情"的心理，再结合特定的治愈系包装及"抱抱我"的气泡对话框设计，将产品的记忆点从单纯的好吃上升到了治愈温暖之上，抱抱果也因此成为具有情感治愈功能的零食。

抱抱果的定位就是治愈系健康小食，不仅可以补充人体所需的营养，而且通过探索现代人或低落或快乐的时机，为用户带去快乐。并且，从包装上，独特的动物形象也承担了传达治愈的使命。

这种调动了人类情感需求的零食，创造了新的需求，女生可以送给自己暗恋的男生来表白，也可以用来向男朋友撒娇。因此，它创下了 18 天销售额突破 1000 万元的奇迹。

鹦鹉罗云教室 CEO 胡宇东说，当你的品牌和用户不断贴合，围绕用户去打造各种标签，去充实用户的生活，让用户拥有了不一样的存在感，那用户便会自发地去挖掘和了解品牌。这样的用户，无论走到哪里都是品牌最好的代言人。

抱抱果的包装比较酷，很容易引发用户在社交媒体上晒图的热情。著名设计师北邦为抱抱果设计了大白熊、兔子、熊猫等 6 个动物形象的系列包装，让这 6 款萌系插画动物"抱着"枣夹核桃，在视觉上给消费者一个大大的"熊抱"。此外，他还研发了高科技 NFC 版的抱抱果包装，当消费者用手机靠近这款包装的时候，能够自动向手机推送两只动物拥抱的画面，供消费者欣赏和分享，给抱抱果增加了更具科技感的互动。

而来往饼则是一款粉丝定制产品，在产品上线前，良品铺子官方微博、微信公众号陆续启动来往饼产品"定包装、定功能、定周边"投票活动，吸引大批粉丝来参与产品的设计，根据粉丝的心意量身定制包装造型、周边产品、社交功能等。后期，产品设计师根据粉丝的建议和票选的结果，决定了来往饼英伦风格的邮筒造型外包装。

粉丝参与了产品的设计过程，在产品发布后，他们也更有动力参与产品的分享与传播——粉丝会觉得，在某种意义上，"这是我自己的作品"。这样的分享也带有炫耀的性质。

无论是来往饼还是抱抱果都具有独特新奇的特点，很容易成为粉丝在社交媒体上热烈讨论的话题。

良品铺子在推出来往饼的同时，借社会话题发起"远离手机，回归人群"的活动，让低头族走入真实的社交中，引发了低头族对自己生活方式的反思，而良品铺子这个品牌也因此而得到关注。

围绕抱抱果的各类话题也很快深入人心。微博上♯全民抱抱♯话题一经推出就吸引了近 600 万次用户阅读和讨论，引发众多共鸣。而参与者在讨论、转发中提供的新故事也属于二次传播，事实上，每一个参与都会在每一个环节上成就品牌。

2016 年年中，电视剧《微微一笑很倾城》正在电视台热播，百草味代言人杨洋晋级为新一代国民偶像，杨洋在片头的抱抱果广告中所说的"抱抱，抱抱"无疑相当于重磅炮弹，直击年轻消费者。微博话题♯一个来自杨洋的抱抱♯自设置以来，吸引上千万粉丝的阅读、参与，不少迷妹表示"睡不着，需要杨洋的抱抱""摔倒了，杨洋抱抱才能起来"。

从年龄分布来看，大数据显示，18～22 岁的大学生对评论电视剧的热情最高，而关注和讨论坚果的人群则集中在经济实力有所提高的 23 岁及以上人群，这表明百草味完全是专属于小白领的坚果。百草味亦借机大力宣传抱抱果，推出多款新颖的营销方案,快速打开抱抱果的知名度。

2017 年 6 月 18 日,良品铺子与著名的星座自媒体"同道大叔"启动跨界合作,将星座与吃结合,在武汉光谷开设了一座星座主题门店良品生活馆。一个是拥有 2000 万粉丝的星座领域最强 IP,一个是坐拥 2300 家门店、3000 万名会员的零食王国,双方凑在一起,能玩出什么花样,这引发了业界人士的强烈关注。

据悉,良品铺子女性会员占比 76.25％,18～35 岁群体占 61.4％。而"同道大叔"的粉丝群体中 75％都是女性,年龄主要在 17～27 岁。双方用户群几乎重叠,因此很容易实现"粉丝互换"。用自媒体界流行的一个词来说,这算是一次"互推"。

在开业前,良品铺子用线下门店,"同道大叔"用线上自媒体、粉丝社群,互相配合进行了一系列预热传播。在开业当天,同道大叔本人也亲临了现场,为大批慕名而来的粉丝进行签名。

在良品生活馆内,除了有满目琳琅的零食商品,还有同道大叔的 12 个风格迥异、造型激萌的星座形象。为迎合消费者尤其是年轻女性对美、对拍照、对萌的事物和社交的追求,"同道大叔"的 12 个星座形象搭配了各种与零食、与吃有关的"扎心"文字,分布在店内各个角落。

曾响铃在《新零售迷上了形象类 IP,搭便车,还是打错了车?》一文中分析道:消费者一进店就可以从星座开始产生共鸣,不断拍照,并且化身为自媒体分享出去。再加上动线设计和良品铺子产品的错列组合,使消费者在探索新奇的同时直接下单购买。

星座主题的零食生活馆不仅让产品更加个性化,也为消费者挖掘出了可以玩、可以聊天的独特社交价值。"同道大叔"的星座 IP 自带互动属性和话题属性,让跨界合作的双方都事半功倍,也更容易找到目标人群。由意见领袖效应、圈层效应、口碑效应带来的二次传播是裂变式的。

曾响铃的文章似乎很能说明问题:"每个星座可以直接圈起来一群人(即每个星座的人,他们会有人群认同感和共鸣感)。在这个会员体系的基础上,做会员关系管理,甚至社群营销,有着大把的操作空间。如此看来,良品铺子这次算是把'星座'的价值压榨足了。"

 TIPS

> 1. 无论是作为送人的礼品,还是作为无话找话时的一种谈资,零食都可以成为社交的润滑剂。作为"社交货币"的零食,关键不在于好吃,而在于好玩。只要足够好玩,就可以成为话题,激发粉丝在社交圈"炫秀晒",引发热烈讨论。
> 2. 定制零食更容易让粉丝产生参与感、归属感,粉丝通过社交圈帮自己喜欢的零食做宣传,就收获了一种成就感。这样,商家就把粉丝团结成了利益共同体。

感情到位了,买卖就做成了

在新零售中,商家都特别强调"感情第一,买卖第二"。在开业三天吸客10万人次的通信器材连锁经营企业乐语(北京)爱琴海店,店员坚持不卖东西,只交朋友。成为朋友之后,顾客撤销了心理防线,花钱时的顾忌就少了;甚至会因为信任产生新的购买需求。

2016年10月21日,乐语(北京)爱琴海店开业,门店监测数据显示,仅仅三天时间,新店人流量就达到了10万人次,线上吸粉500万人。在线下实体店日渐凋零的今天,这个超级火爆的数字在业界引起了不小的震动。那么乐语是怎么做到的呢?

　　传统零售门店的营销方式不外乎加大优惠、吐血让利等方法，对消费者来说毫无新意。而乐语在引流第一关就一反常态、先声夺人。

　　在门店入口的引流区域，消费者不会再看见传统的、令人心生厌烦的促销广告，他们看到的是机器人、迷你KTV、儿童玩具设备、虚拟现实（Virtual Reality，VR）设备等，对于消费者来说，他们不会产生购物的心理压力，只会感受到有趣的互动化的娱乐氛围。

　　而在门店内部，这样的体验被再度强化。乐语对多达20项游乐设备、10项游戏设备、迷你KTV、沙盘及增强现实（Augmented Reality，AR）设备等进行了循环布置，配合情景式、场景化的商品陈列，让客户走到哪儿玩到哪儿，更像是进入了一个游乐场而不是卖场。此举直接拉近了客户心理距离，客户玩得开心，自然就买得爽快。

　　为了让顾客能玩得开心，乐语还通过专业化培训丰富员工的知识结构，把员工打造成和消费者实时互动的亲密玩家，帮助消费者融入体验场景。这些"玩伴式"娱乐引导员秉持"不推荐、不跟随、不诱导"的服务原则，只在顾客挥手示意时，才会做体验示范和产品讲解。

　　曾响铃在调查中发现，"玩伴式"服务已成为乐语爱琴海店的一种显性标签，但可提供这项服务的员工，也必须具备极高素质：不仅拥有大学学历，且多为精通英文、日文的留学生人才。而乐语对此类员工的考核也相对宽松，即仅以其服务顾客的质量及由此形成的口碑作为评判指标。"要知道，带着业绩考核压力的店员，必定会将压力传导到顾客身上，这与乐语打造'极致体验'的思维背道而驰。"

　　于是，在乐语门店，卖东西变成了社交，售货员变成了玩伴，卖场变成了泛社交化的公共场景。这么好玩有趣且有料的实体店，客户完全没有理由拒绝它。数据显示，每5个去过北京爱琴海购物中心的消费者就有一个进入过乐语门店。

　　"消费者变了，实体商业不仅要给消费者提供更新奇的产品，还要让消费变得更轻松,让门店变得更好玩,还要能随时联系到客户。"乐语总裁朱伟在一次采访中说,在互联网时代,"用户关系价值远远大于交易价值,经营用户关系的企业才能产生不可复制的核心竞争力"。

关于如何经营用户,2016 年 10 月朱伟在由联商网主办的"中国新零售第一会"2016 联商风云会上所做的演讲中披露了乐语的秘籍。乐语曾经有 1200 万的用户积累,但黏性却不够,所以尝试用不同类型的健康管理、游戏、阅读、新奇特服务类软件来建立一个完整客户沟通系统。

"为什么要做非商品类的软件? 因为我们想达到这样的目的:对客户来说,我们的商品并不是他们的唯一诉求。所以我们就做了一个健康管理的 App'妙健康'。所有人可能拒绝你给他推销商品和优惠,但是没有人会拒绝你提供的免费健康管理。'妙健康'把用户的血压、血糖、用药、询医全部连接起来,现在有 500 万活跃用户,估值 2.5 亿美元。现在,我们通过'妙健康'App 通知用户,店里又来了什么新手机、用怎样的电子健康产品可以照顾他的健康,这样他是不是就不排斥了?

"我们是一个销售 3C 产品的企业,健康管理反而成就了我们和客户真正的沟通方式。因为新零售的逻辑是真正地满足消费者的需要,而不是把我们卖东西的需要加在消费者的身上。

"受'妙健康'成功的启发,我们还做了一个游戏互动平台、一个阅读平台和一个新奇特产品的销售服务平台,这样就构建了一个完整的客户服务系统。"

乐语这种用户关系经营模的实质是将传统零售的"以企业效率为中心"替换为"以用户体验为中心",其能否成功的关键还在于人。用户体验上去了,"客流"就变成了"客留"。

(本文部分内容摘自钛媒体专栏作者曾响铃的《新零售袭来,打造极致体验的乐语能否笑傲江湖?》。)

TIPS

1. 店员坚持"不卖东西,只交朋友"。成为朋友之后,顾客撤销了心理防线,花钱时的顾忌就少了;甚至会因为信任而产生新的购买需求。

2. 乐语新零售给商家的启示是:欲速则不达,靠高频热情推销来搞定顾客的时代已经过去了。相反,如果你多一些耐心,把重心放到精致的服务上,把购买权交给顾客,只要顾客在这里玩爽了,下单是水到渠成的事情。

把"真爱粉"发展成加盟商

线上线下打通之后,很多商家都在玩社群运营。通过社群运营来增强用户黏性,已经算不上是多新鲜的玩法了。对品牌商来说,通过社群运营,深度挖掘粉丝的价值,把粉丝身上的资源"吃干榨净",最好还能跟粉丝"缔结良缘",把粉丝发展成自己的代理商、加盟商,这才是新零售的最高境界。

创立于2008年的茵曼是汇美集团旗下的女装品牌。自2005年成立之日起,汇美就是一家互联网公司,但在2015年,汇美开始启动O2O项目"千城万店",也就是说,汇美开始开实体店了。

茵曼成立实体店的时间,刚好与移动互联网时代社群运营风潮的时间重叠。实际上,加强与粉丝的联系,正是这些线下体验店的最主要目的,因此,这些体验店也被视为社群运营的据点。茵曼实施"一店一社群"的理念,各店的店主可以自主发挥创意,举办各种社群活动。

在这些据点,茵曼通过场景化的活动让顾客重新认识品牌。茵曼O2O事业部负责人蔡颖在云珠沙龙上的一次分享中说:"店铺给顾客的第一感觉会逐渐成为他们的长期认知、共同认知，进而孕育社群，最后会沉淀为独一无二的品牌文化。喜欢茵曼品牌的人群一定会有共同的价值观，才能凝聚在一起。"

有共同的价值观才能凝聚在一起，这一点确实很重要。事实上，线下引流的核心要义，正是粉丝在兴趣和品位上形成相关性。

相较传统服装企业加盟模式，茵曼"千城万店"项目的最大特色在于，加盟商候选人全部从茵曼品牌的粉丝中产生。这样一来，粉丝就不单纯只是消费者了，还是茵曼的合作方。

为调动起粉丝晋升为加盟商的积极性，茵曼设计了一套巧妙的利益分享机制。

首先，粉丝一旦成为加盟商，那么她后续再通过天猫或者其他平台购买茵曼的产品时，她所经营的店铺都会收到一笔分成。这就像是保险代理人给自己买保险也能拿到提成一样。

其次，只要买家在体验店初次扫码购买，茵曼的后台系统就会将其绑定为该店铺的粉丝，未来该粉丝无论到哪一家体验店购物，抑或在线上购买，销售量都会算入初次引流的绑定店铺，会按一定比例分成，作为服务费来鼓励加盟商进行粉丝运营。

此外，茵曼不向加盟商收加盟费，加盟商也无须积压库存，这就免除了加盟商的后顾之忧。实际上，跟传统零售店的加盟商要先囤货才能卖货不一样，茵曼的加盟商主要是负责一个区域的粉丝运营。更简练的说法也许是，加盟商就是茵曼某个区域社群的"群主"。

加盟"茵曼＋"的粉丝在当地有更多的资源。此外，粉丝对品牌的调性高度了解，让他们来做粉丝运营，很容易挖掘出与品牌的亮点最契合的粉丝需求。如"茵曼＋"南昌店店主素颜会在店内不定期举办 CRM（Computer Mediated Relationship，电脑中介关系）活动。素颜本身也是茵曼的粉丝，很喜欢茵曼的棉麻材质和舒适的设计,对茵曼主张的慢生活理念也非常认同,因此她举办的活动,既是自己喜欢的,也能迎合其他粉丝的口味。

此外,让粉丝参与决策、进行创作,可利用其自身的社交资源强化企业品牌推广。于是,消费者(粉丝)在价值创造中的角色变化了,地位也提高了。

据蔡颖在演讲中透露,在活动策划问题上,茵曼也曾走过弯路。

"我们用整整两周策划出天衣无缝的方案送到终端,最后却石沉大海,因为大一统的策划方案根本不可能满足所有店铺的需求。

"现在,我们换了一个方式,就让最了解顾客的终端店主与粉丝沟通。只要她们策划的活动符合品牌调性,能让顾客间产生连接,我们都无条件地支持。现在我们的全国300多家店,每月会有40到50场活动,都是由品牌粉丝们自主策划、共同执行,效果特别好。因此公司的企策部被撤掉了,我们直接将活动策划交给终端的店长们和粉丝。"

例如,南昌的一位店主学过瑜伽,她就将自己店铺的顾客逐渐发展到瑜伽圈。在这个过程中,顾客完全不排斥,因为顾客对品牌文化产生了共鸣。又例如,有的网红店主每周都会组织粉丝穿茵曼的衣服外出自拍,这样顾客能开心地参加活动,也买走了衣服。通过结合活动与营销,双方各有所获,这才是购物本身应有的体验。

目前,茵曼的体验店数量已达到400多个,据"千城万店"还有数千差距,这也意味着,未来还将有成千上万个粉丝会晋级为加盟商。能当上加盟商的粉丝,必定是粉丝中最出类拔萃的,因为她们需要有撩拨其他粉丝的能力。对茵曼来说,那些还没有能力成为加盟商的粉丝都是"后备军",一旦条件成熟了,就将她们"扶正"。

TIPS

1. 有共同的价值观，才能凝聚在一起，对所有的社群运营者来说，这都应该是一个共识。一方面，价值观相同的人聚在一起，才不容易因为意见不合而"退群"，从而确保社群的稳定团结；另一方面，明确的价值观也是成员发自传播的基础，否则新成员凭什么加入你的社群？

2. 加盟商从粉丝中产生，于是消费者（粉丝）在价值创造中的角色变化了，地位也提高了。在做加盟商的过程中，粉丝同时收获了归属感、成就感和荣誉感，公司的事业也成了粉丝自己的事业，因此，他们自然会格外卖力。

第四章

游戏+社交：一起玩游戏，才是友谊的最高境界

❖ 因为游戏具备一定的社交属性，因此一方面门外汉很容易被"老司机"带着上道；另一方面，用户一旦上了"贼船"，就很容易被其他用户"绑架"，想退出都难。不只是《王者荣耀》，《狼人杀》《魂斗罗：归来》《星球部落》《黑暗信仰》等都是通过社交使广大用户"走火入魔"。

❖ 以前在学校，女生选男朋友的标准是学习好、篮球打得好；在相亲市场上，女性择偶的标准经济是经济实力和外表。如果现在做一个调查，或许交友的一条重要标准会是"《王者荣耀》玩得好"。

别人都在玩，我不玩就被孤立了

在不到 10 天的时间里连续 5 次被《人民日报》点名批评，《王者荣耀》所"享受"到的这种"待遇"，恐怕没有任何游戏能够与之争锋了。唯庸人无誉无毁，频繁被炮轰，也反衬出《王者荣耀》在这个"注意力经济"时代的受宠程度。

有意思的是，玩家在谈到《王者荣耀》时，并不会说这个游戏有多好玩，也不说自己从中得到了多少乐趣，而是说"别人都在玩，我不能不玩"，似乎只要不跟大家一起玩，就会被"组织"抛弃。

因为游戏具备一定的社交属性，因此一方面门外汉很容易被老玩家带上"贼船"；另一方面，用户一旦上了"贼船"，就很容易被其他用户"绑架"，想退出都难。不只是《王者荣耀》，《狼人杀》《魂斗罗：归来》《星球部落》《黑暗信仰》等都是通过社交使广大用户"走火入魔"。

笔者上大学时，跟班上的大部分同学都不熟悉。刚开始，笔者将这种人际关系上的失败归咎于自己性格内向，但后来才发现，其实是因为双方差距太大——同学们基本上都是游戏迷，但笔者不玩游戏，所以完全听不懂他们在说些什么，所以很难参与谈话。

在网络游戏中，这群来自天南地北、原本没有交集的同学走到了一起。在这里，每个人都能够最大限度地发挥自主性，通过即时反馈和对其他人的认同，感受到自己的行为有意义。这种共同的体验，是大家觉得彼此都是"自己人"，因此感情更加密切。

十几年过去了，我们进入了移动互联网时代，《传奇》早已传奇不再，玩《魔兽》的人数也远不如从前，但新的游戏因为社交链而火爆，人们在游戏中深化或建立起新的社交关系的逻辑却从未发生变化。

当然，因为手机携带方便，移动互联网的用户更方便在那些碎片化的时间里上网，可以充分利用那些原本会被浪费的碎片化时间跟朋友玩游戏（熟人社交）以及交朋友（陌生人社交）。因此，在移动互联网时代，游戏在社交中所占的权重越来越高。

此外，95后是玩着游戏长大的，他们对游戏没有任何排斥。对这些数字时代的原住民来说，游戏已经是他们最重要的娱乐方式之一。95后玩游戏，就如同50后打麻将，60后跳广场舞，70后玩泥巴，80后看动画片，已经成为一种文化现象。据一些小学生透露，他们的班上有80％的同学都在玩《王者荣耀》，只有少数几个学霸不玩。平时，同学之间的共同语言已不再是动漫，也不再是八卦，而是讨论《王者荣耀》。

大学毕业后，有的人已很少和大学的室友、朋友联系，但是一旦发现大家都是《王者荣耀》玩家，就常常几个人一起组队"开黑"，颇有种打麻将时"三缺一，就差你了"的即视感。

在职场上，大部分人都觉得自己的工作很乏味，再加上现代社会较为普遍的社交少而带来的孤独感，时常会觉得生活缺乏乐趣。现在，有了《王者荣耀》和《狼人杀》，他们的生活瞬间精彩起来了。上班时间也偶尔会忙里偷闲，抽空跟同事一起"开黑"，不亦乐乎。其中还有一个意外的收获是，原本关系一般的同事，通过游戏变成了铁哥们、闺蜜。

在一个家庭里，男女相处的时间久了难免有些审美疲劳，生活缺乏激情。现在可不一样了，年轻的小夫妻俩一起玩《王者荣耀》，比烛光晚餐还浪漫；据说，有些夫妻通过一起玩《王者荣耀》，在游戏里配合升级、一起笑骂，又重新找回了热恋的感觉。"我能想到的最浪漫的事，就是和你一起玩《王者荣耀》。"

以前在学校里，女生选男朋友的标准是学习好、篮球打得好；在相亲市场上，女人择偶的标准往往是经济实力和外表。如果现在做一个调查，或许交友的一条重要标准会是"《王者荣耀》玩得好"。

以往，男性是玩游戏的主力军，女生经常因为"男朋友只知道打游戏，不陪我逛街"而充满怨言。可 2016 年以来，手游界出现了一个新特点：《天天狼人杀》《阴阳师》《王者荣耀》等现象级游戏，都有许多女性玩家的广泛参与。

2017 年凯鹏华盈（KPCB）合伙人玛丽·米克（Mary Meeker）公布的《互联网趋势》报告指出，在手游领域，用户性别比已经接近 1∶1。KPCB 的数据显示，《王者荣耀》吸引了 40％的女性玩家（易观智库的说法是，女性用户占比达到56.79％，比男性还多）。伽马数据发布的《2017 年 1—3 月移动游戏报告》分析了前 11 款高 MAU(monthly active users，月活跃用户)游戏的用户画像，其中在性别分布的维度上，除了 QQ 欢乐斗地主女性用户占比为 32.5％，其他游戏中女性用户占比都在 4 成以上。

这是个有趣的发现，证明女性用户对移动游戏的接受度是很高的。相对于 PC 端，移动端游戏整体的简化风格可能更适合女性玩家。

社交类产品有一个著名的定律——"女性是第一生产力"，也就是说，哪里的女性用户多，哪里就活跃。特别是在游戏领域，女性玩家的带动作用往往要高于男性玩家，一个女性足以让两到三个男性"入坑"，而男性为了在女性面前彰显"荣耀"，也会更加卖力。

因为有着这样的魔力，不管是《王者荣耀》还是《狼人杀》，都已经不再是一款游戏，它们是一个符号，一个时代的符号。

虽然腾讯在舆论压力下采取了一系列限制措施，比如控制未成年人每天玩《王者荣耀》的时间，但很快就有商家推出了很多破解措施。从实际情况看，对《王者荣耀》加强限制，《王者荣耀》反倒"野火烧不尽，春风吹又生"。在接下来的一段时间里，这种用社交的力量来绑架用户的游戏只会更多。

在《王者荣耀》里实现"阶层晋升"

《王者荣耀》在社交上的成功，主要依赖于以下几个方面：依托腾讯系社交平台 QQ 和微信做流量入口，导入大量熟人关系，构建起从游戏到社交再到游戏的闭环；打破传统网游中用户可以花钱买等级的潜规则，让普通用户有机会参与公平竞争，给广大处于社会中下层的人们成为"人生赢家"的机会，他们可以靠带徒弟、当代练赚钱，当然，还可以赢得女生的崇拜和喜欢。

《王者荣耀》规定五人开局，如果一个用户想玩《王者荣耀》，至少得找 4 个队友。也就是说，一个用户可以带动 4 个用户。

用户不仅可以查出自己的微信和 QQ 好友列表中有谁也在玩这款游戏，还可以直接导入那些尚未玩过游戏的好友，邀请他们一起组团打游戏。被邀请进来的小伙伴体验了一次觉得不错，就可能会分享到微信朋友圈或 QQ 空间，这样就会吸引更多的小伙伴加入。

除了熟人之外，陌生人也可通过系统匹配成队，一起"开黑"。用户可以搜"附近的人"，可以按性别、地域、上线时长加陌生人，这很像是一个地道的游戏版 QQ。

用户加入及相互认识只是第一步，更重要的是，用户要在这里建立起深度联系。游戏界面提供了公共聊天的窗口，玩家可边打边交流；一局结束后，还可互相点赞或互加好友。陌生人在一起互动得多了，就变成了熟人，因此，在这里，玩家之间还可发展成情侣、闺密和师徒等关系。

这种依靠现实社交建立的游戏关系更稳固，更容易让人持续玩下去。打一局游戏可能只需要半个小时，但和朋友一起打游戏时，很容易忘记时间，几个小时很快就过去了。

据多家媒体报道，《王者荣耀》最成功的一点，也是其他游戏无法做到的一点就是，用户可以在游戏中同时实现联络感情、陌生人社交等功能。

在《王者荣耀》公开聊天区，不时能看到陌生人的社交信息。此外，该游戏还有一款助手 App，为玩家们提供游戏资讯、社交和数据应用等服务。《王者荣耀》助手开设了"妹子求带聊天室""聘夫聘妻聊天室""师徒聊天室"等 18 个主聊天室，大量玩家一起在这个平台上交流游戏体验，同时也有不少人发出交友的信号。有人戏称，《王者荣耀》完成了陌陌没有完成的使命。

搭建一个用户之间能够互相联系的平台只是第一步，让用户愿意留下来更重要。《王者荣耀》的创始人姚晓光认为，《王者荣耀》能把用户留下来的关键在于，它解决了过去手机游戏中被诟病最多的"缺乏竞技公平"的问题。

"一款游戏要好玩，必须能让玩家从中得到快乐。乐趣从何而来？就是让玩家能看到自己付出之后的成长和回馈。"但是姚晓光发现，很多竞技类手游只有不断充值才能变得更强，免费玩家永远不可能战胜付费玩家，"我们认为这是不公平的"。

《王者荣耀》决定挑战这个行业的普遍做法，它要让公平竞技成为可能，让玩家不花钱也能在游戏中得到乐趣。所以在《王者荣耀》里，每个英雄的能力都是固定的，取胜的关键在于技术和团队配合，这是玩家通过努力就能获得的东西。

如此一来，国产网游"经济碾压"的模式被打破，玩家不再从由经济投入带来的装备碾压及虚拟地位提升中获得快感，而是注重个人游戏实力。尽管玩家也可花钱买券换取皮肤、铭文等道具，但装备的作用有限，玩家不能通过付费直接跳跃为王者，最后影响游戏胜负及排名的还是个人操作和团队合作。

在传统的游戏规则下，很多免费玩家尽管水平很高，但还是会输给那些"人民币玩家"，难免心生挫败感，时间一久就不玩了。在《王者荣耀》讲究公平竞技的规则下，免费玩家也有了凭实力脱颖而出的机会。

那么，沉迷于《王者荣耀》的都是怎样的人？有数据显示，有高达90.5％的用户来自于二三线及以下城市。在一线城市，《王者荣耀》的渗透率为6.18％，而在三线及以下城市，其渗透率则高达13.85％。在一线城市，工厂的工人玩《王者荣耀》的要比985高校的学生多得多。

在游戏中，一些水平不高的人往往会被冠以"坑队友""小学生"的称号，为了甩掉这些称号，他们会花钱找人当代练。代练并不算是一份体面的职业，但这些玩家却可以在游戏中凭借"真本事"在游戏中拜师收徒，和别人建立情侣、闺蜜、死党等关系，还可以暂时忘却生活中的种种不如意。

在陌生城市打工的青年邓杰，由于在游戏里展现出非凡的实力，招收了30多个徒弟，和联系较多的4个徒弟建了单独的微信群，所有人称他为师父，每天按时签到，在群里分享心情和游戏战况，这让邓杰获得了平等和尊重的感觉。

游戏世界的逻辑是，无论男女，只要你玩游戏的水平高，自然不缺乏喜欢或者崇拜你的人。所以，在游戏的世界里，一些在社会上身份地位不高的普通青年能够凭借他们高超的技术，获得在现实世界中无法得到的尊重和价值感。

现在笔者最感兴趣的问题是：这部分玩家在游戏中"逆袭"之后，能否成功找到自己的另一半？

可能性是有的。因为很多对游戏上瘾的人（男女不限）认为游戏比现实更有价值，对他们来说，游戏是他们的精神家园、"第一人生"，现实才是第二人生。这些玩家在"第一人生"里彼此熟悉了，觉得对方有趣，会愿意在一起。

有研究者据此做出推断，认为未来成功的网络游戏吸引的不是高级玩家，而是低端玩家和初级玩家。

TIPS

1. 《王者荣耀》先通过通讯录导入解决自传播问题，然后再通过玩家之间的互相绑架解决用户黏性问题。

2. 在传统的游戏规则下，很多免费玩家尽管水平很高，但还是会输给那些"人民币玩家"，心生挫败感，时间一久就不玩了。而在《王者荣耀》讲究公平竞技的规则下，这些免费玩家也有了凭实力脱颖而出的机会。

00 后，最喜欢跟陌生人说话

从 2016 年下半年开始，一款叫《狼人杀》的游戏突然火了起来。在年轻人的圈子里，你不会玩狼人杀，几乎都没办法参加聚会了。

《狼人杀》最初是由 Philippe des Pallières、Hervé Marly 设计的开源游戏，游戏版权公开、免费。现在，已经有数十家手游公司推出了打着《狼人杀》名号的产品，轮番冲击着 App Store 排行榜，领先的几家是《狼人杀》《天天狼人杀》《欢乐狼人杀》等。

互联网产品研究者漠澈认为，"狼人杀"类游戏火爆的最根本原因就在于它具备社交属性。"《狼人杀》和《三国杀》最大的区别是什么？是发言。线上的《三国杀》完全可以一言不发地进行游戏，发言者甚至还会有通牌嫌疑，以至于《三国杀》演化出了禁言专场；而《狼人杀》却恰恰相反，玩《狼人杀》不仅仅需要发言，甚至只有真正的发言（语音）才能带来更好的游戏体验。"

另一方面，《狼人杀》强迫用户展示自己。玩家要想不被淘汰，要么得调动三寸不烂之舌，要么得千方百计引起别人的兴趣，因此有了"喊麦、倒立"等奇葩表演。因此，与《三国杀》相比，《狼人杀》更考量玩家的逻辑思维能力、语言表达能力和控场能力。

十几个人聚在一起，每个人扮演不同的角色，靠发言和逻辑推理来判断所有的身份。玩家需要根据身份和场上局势灵活选择对应策略，更需要辅之以肢体、神态等将自己的诉求在简短的时间内用各种形式表达出来。为了赢得游戏，玩家还需要编造谎言，需要感性和理性并存地说服他人。

作为游戏，《狼人杀》注重的是过程，而不是结果——它有输赢，但是输赢又没那么重要。这个游戏既突出个人能力——需要有个人思考，又依赖团队配合。如果你拿到好人牌，并不知道哪些人是你的队友，你要独立玩这个游戏；如果你拿到狼人牌，你是有团队的，这就是一个团队的游戏。

为了做好团队配合，在整个游戏过程中，每个玩家都必须全神贯注，别人发言的时候必须认真听，这一点在注意力如此稀缺的社会中非常珍贵。

与别的游戏不同的是，《狼人杀》还有线下版。在线下玩《狼人杀》，最能有效地缓解一群不熟悉的人聚在一起的尴尬。想想看，看电影的时候没法交谈，去KTV一般都是一个人唱歌，一堆人玩手机，要策划一个能让多人共同参与，让每个人都能说话且场地限制少、成本低廉的娱乐活动，没有什么比《狼人杀》更合适的了。

《天天狼人杀》的创始人李宇辰原本不是《狼人杀》的用户，有一段时间，他看见朋友圈的人提到《狼人杀》的次数越来越多，就去线下实体店体验了一下。"第一天去，我是一脸茫然的；第二天去还是一脸茫然，但我还是很想去；第三天已经有点会玩了，我发现这个游戏是会上瘾的，人与人之间的交流让我迷上了它。12个人玩一局游戏，总有几个人跟你聊得不错，所以这款游戏具备了社交属性。"凭着灵敏的嗅觉，李宇辰断定"这个可以做"，于是就开发了《天天狼人杀》这个游戏。

李宇辰还发现，在《天天狼人杀》上与陌生人社交要比在陌陌等社交软件上容易得多。"如果你在一个普通社交软件上和姑娘聊天，你也许会说：'hi，很高兴认识你'，但这很容易让人觉得你不怀好意。但是在《天天狼人杀》上，你可以说：'姑娘，我是预言家，昨晚我验的是你，4号是我的金水，是一个好人牌，'这样就不会尴尬。"

最新官方数据显示：《欢乐狼人杀》的用户中18岁以下的年轻用户比例高达79.9％，即近80％的玩家为00后人群。正是这群00后人群的力挺，令《欢乐狼人杀》一度冲到苹果 App Store 下载排行榜的前三名！

与 90 后玩狼人杀游戏主要是以巩固已有关系网、好友聚会娱乐或初次见面破冰为目的不同的是，00 后玩狼人杀游戏的主要目的是结交新朋友。

90 后尽管普遍都是独生子女，但他们依然有很多堂兄弟姐妹、表兄弟姐妹一起玩耍；而 00 后则不同，他们的父母多为 75 后甚至 80 后，这些人以独生子女居多，也就是说，00 后不再有七大姑八大姨，相应地，也没有堂兄弟姐妹、表兄弟姐妹。生长在这种环境中国的 00 后，普遍较 95 后更孤独、更缺少朋友。

根据《00 后移动社交行为报告》，不论是 QQ 好友数还是 QQ 群数，均显示出 00 后好友数较 95 后明显偏低。数据显示，00 后在搜索 QQ"附近的人"加好友的用户比例最高。可见，00 后交新朋友的欲望是强烈的，所以陌生人社交是 00 后的社交趋势。

但是漫无目的的陌生人社交，对 00 后来说缺乏动力。一群陌生人扮演不同的角色，共同完成一个任务，是 00 后最感兴趣的交友方式。《欢乐狼人杀》将 00 后的这种社交需求极致地放大：在游戏中，"添加游戏好友＋语音交友"双功能并行，基于兴趣降低了社交成本。

大部分《欢乐狼人杀》用户认为，"找到新的朋友"成为游戏最大的核心吸引力。微博用户 UGC 表示："好不容易戒了'农药'（《王者荣耀》），又在《欢乐狼人杀》里无法自拔了！"

（本文部分资料引自中关村在线的《00 后新社交趋势洞察：继 QQ 微信之后，游戏型社交迅猛上位》一文。）

TIPS

1. 玩游戏只是手段，交朋友才是目的。

2. 之所以在《狼人杀》中跟陌生人交朋友对 00 后更有吸引力，主要是因为 00 后在现实中的朋友更少。在现实中缺失的，就需要在游戏中填补。

海内存知己，天涯若比邻

在祭奠青春、怀念童年的时候，我们最怀念的便是那些小时候的玩伴了。如果大家小时候常常和小朋友在一起玩游戏，那这种怀旧情结就会格外严重。可惜，对大多数人来说，当初一起玩的发小，早就天南海北，各安一方了。

在承载着童年故事与回忆的游戏中，《魂斗罗》是当之无愧的经典。"一命通关""30 条命""借我一命""上上下下左右左右""拖死队友"……每一个语句，都包含着一段年少时的专属回忆。即便大多数回忆与故事中的小伙伴们已经各自踏入社会，但只需要一点契机，那些有关童年、亲情与友情的记忆便会被再度点燃——那时候就算自己能一命通关，也更希望与小伙伴一起并肩作战。

2017 年，在面世 30 周年的特殊年份，《魂斗罗：归来》也终于带着一代人的童年回忆，借助移动端回归中国游戏市场。童年时光中的《魂斗罗》，只有伙伴们聚在一起才能携手闯关；如今的《魂斗罗：归来》打破了地域限制，不管天涯海角，只要按下按键，兄弟们就能和你组队并肩作战。

《魂斗罗：归来》对那些有着浓厚的怀旧情结的老玩家有着致命的吸引力。在 2017 年 6 月 6 日上线后的 24 小时内，它便以势不可当之姿超越了《王者荣耀》，登顶苹果中国区 App Store 免费榜，成为本季度当之无愧的超人气手游。

可以说，各项数据显示，《魂斗罗：归来》的亮相是成功的。

一如腾讯过去发行的产品，《魂斗罗：归来》引入了玩家在微信及 QQ 的社交关系链，并在游戏内保留了既合乎老玩家习惯，又能促进用户之间互动的双人通关设定等内容。而在传播分享层面，《魂斗罗：归来》则更是通过此前的全民征兵活动充分调动起了一大批具有魂斗罗情结的用户，借助这批种子用户的社交关系链，达到了高效的自传播和拉动新人的效果。

据专注于游戏行业深度报道的媒体"游戏陀螺"分析，首先，在游戏内容设计上，《魂斗罗：归来》充分考虑到了老玩家的观感，保留了原作系列当中的诸多经典要素，甚至为了特别照顾国内玩家过去的游戏经历，在细节上大量融入了早期版本的《魂斗罗》的元素。将大量的铭刻着老玩家记忆的游戏元素延续到手游中，不仅可以帮助玩家找回童年的美好记忆，更能够将游戏的心理代入门槛降至最低。

其次，作为一款诞生于当下的手游产品，《魂斗罗：归来》也并没有放弃对过去并未接触过《魂斗罗》系列的年轻一代用户的吸引，因此腾讯在产品中也加入了符合当下手游用户习惯与偏好的设定。如战斗方式更加多样化的 PVP 模式，添加了更多的个性化角色及更加合乎当下射击类游戏用户认知的武器类型，等等。同时，《魂斗罗：归来》也针对国内玩家对社交、养成等元素的青睐，利用军团、好友、人物角色及武器收集等功能极大地强化了这些元素。

最后，在调和新老用户审美及游戏内容的需求方面，《魂斗罗：归来》也借助历次测试的数据积累及反馈意见的收集整理，不断进行调整尝试，并最终采用了让两代甚至三代用户都能够接受游戏的画风、人设以及玩法内容。

一款游戏能将几代用户一网打尽，实在是高。

强化社交互动体验的《魂斗罗：归来》还带来了功能全面的社交聊天系统，这个系统能帮助玩家结识更多战友。

长期来看，一款游戏的玩家黏性更多取决于这个游戏是否形成了独特的社群文化。在市面上的大部分手游产品里，玩家之间的关系多停留在浅层的社交交流层面，如送心、送体力等，这样的礼貌社交情感关联薄弱，很难形成社群文化。而《魂斗罗：归来》则通过军团战，为玩家提供了一个高互动性、参与性、对抗性的平台，以此来完成玩家与玩家的情感交流。

在《魂斗罗：归来》的军团设定中，玩家可以组成军团，这种形式易将价值观相似、行为模式接近的玩家凝聚在一起，以并肩作战作为情感基础，形成社群的雏形。并且通过军团，玩家还可以寻找到更多战友，与战友组队挑战更强的游戏副本和 BOSS。

军团社交系统类似其他游戏中的帮会、家族、工会系统，玩家们可以在军团中领取福利、学习被动技能、购买材料等。这种由官方推出的互动战斗模式，将有效增加玩家的参与感和荣誉感。

跟《王者荣耀》和《狼人杀》一样，《魂斗罗：归来》同样具有交友功能。第一卡在文章中写道："懵懂岁月不懂情爱，当年与小女生一起双打，双方之间也只有纯粹的友谊。如今，《魂斗罗：归来》带来双人组队玩法，带你重温小时候在游戏机上的并肩作战。如果你的队友是女生，你就要更多承担输出角色，做好随时奉献多余的'命'的准备。说不定，一段良缘就在你们携手通关的时候悄然到来。"

同时，第一卡还提醒玩家："在游戏中，如果你和妹子之间有高度默契，那好感就会来得更快。遇到自己喜欢的妹子，不要总是嫌弃她'手残'，你可以发挥实力一跃而上，用更高的成绩征服她，然后教她如何踏上'一百层'。这样，你或许会意外收获一份青睐。"

TIPS

1. 作为怀旧题材的游戏，《魂斗罗：归来》首先要考虑帮老玩家"找回共同的童年记忆"；同时，为了吸引年轻用户，又要与时俱进，在产品中加入符合当下手游用户习惯与偏好的部分设定。新老用户通吃，方可扩大用户基数；用户基数越大，通过社交链裂变后的效果就越好。

2. 在《魂斗罗：归来》的军团设定中，玩家可以组成军团，这种形式容易将价值观相似、行为模式接近的玩家凝聚在一起，以并肩作战作为情感基础，形成社群的雏形。

第五章

知识付费+社交：为知识付费还是为圈子付费？

❖ 对那些学习动力不足的人来说，只有进入"罗辑思维""吴晓波书友会""小密圈"和"21天知识训练营"这样的组织，他们才有可能去读书和学习，同时在心理上获得安慰。消费知识付费产品，与其说是在学习知识，不如说是在社交。

❖ 相比那些为知识付费就能带来自我提升的虚无承诺，混进一个自己平常混不进去的圈子，更能吸引粉丝为此买单。

离开了"组织"就无法学习

成为"罗辑思维"会员的门槛并不高，只要交一点会员费即可。但成为会员后获得的荣誉感却是巨大的——粉丝会觉得"罗辑思维"会员这个身份很有格调，这才是其真正的价值所在。

罗辑思维的节目知识性和思想性一般，是为平常不大读书的人准备的。事实上，大部分的知识付费产品都是为不读书、缺乏自学能力的人准备的。他们缺乏独自学习的动力，不愿意独立阅读，需要别人看完了给他讲解；另一方面，他们也愿意为"30分钟读懂一本书""如何在三年内年入百万"之类的内容付费。

对这些学习动力不足的人来说，只有进入"罗辑思维""吴晓波书友会""小密圈"和"21天知识训练营"这样的"组织"，他们才有可能去读书和学习，同时在心理上获得安慰。消费知识付费产品，与其说是在学习知识，不如说是在社交。

从前男女谈恋爱时经常互相送书或者一起读书。我们都知道，对当事人来说，最重要的事情并不是读书，而是通过读书来互相表达爱慕之意，读书只是交流感情的桥梁。同样的道理，现在朋友们之间互相分享知识，社交的色彩比求知更浓。

人类是群居动物，总是希望能找到自己的同类，判断对方是否是同类的最主要标准就是看他和自己的兴趣、身份是否相吻合。喜欢休闲健身的大妈们选择在广场舞上相遇，喜欢为孩子的婚事操心和为别人介绍对象的大妈们则选择在相亲角一起摆地摊，而受过高等教育的年轻人普遍对这些行为嗤之以鼻，认为广场和相亲角都无法寄存灵魂。

而在"罗辑思维"和"吴晓波书友会"这样的地方，年轻人很容易找到跟自己灵魂接近的大学生、白领和新锐中产，大家相约一起读一本书，同时还把学习进度公布出来，然后再交流读书心得。因为要公布读书进度和交流心得，所以不好意思懒散和拖延。在互相监督的过程中，很多人转变了学习习惯，这也许是比读一两本书更重要的事情。

很多用户跟自己的同学、同事关系并不怎么密切，对班级和办公室都缺乏归属感，但在"吴晓波书友会""罗辑思维"和"自控力 lab"这样的知识付费社群中，他们找到了归属感。

知识付费的本质是增加社交连接的深度，这和很多职业经理人花几十万元去读工商管理硕士（Master of Bussiness Administration, MBA）是一样的逻辑。

有人曾经订阅了科技撰稿人万维钢在"得到"App上的精英课专栏，每隔几天，他都会分享一篇文章给笔者。每当笔者点开这些文章，页面都会提示笔者要抓紧时间"抢读"。为什么要"抢读"呢？因为每个付费用户只能将文章免费分享给前 5 个阅读的好友，其他人就无法再阅读，所以想要读这篇文章，就必须抢读。

对用户来说，将付费内容进行免费分享，其实就是花钱请别人看文章，这是一件很有意思的事情。对用户来说，这比送书的成本低，又比请客吃饭格调高。而对商家来说，免费分享的机制会让越来越多的陌生人知道并了解"得到"，最终成为"得到"的付费用户。

知识付费的用户大多都是草根人群，草根肯花钱买社交，最终的目的还是提升自己，并且跟大咖搭上关系，扩展人脉。

知乎上的"大 V"，一般是各垂直领域里的专家，他们虽然也是牛人，但因其影响力仅限于某一细分领域，还算不上是公众人物。因此对粉丝来说，他们并非高不可攀的，所以粉丝也比较容易获得与他们互动的机会。

"分答"和"在行"跟"知乎"差不多，但这些平台上的知识大咖大都是为了问题而来，平台本身对他们没有太大的吸引力，因此，他们往往回答完问题就离开平台，不会停留。如此一来，在那些付费问题外，粉丝很难得到跟大咖正面交流的机会。尽管如此，"××回答了我的问题"这样的事实已经足够粉丝们发在朋友圈来炫耀了。

至于"吴晓波书友会"和"罗辑思维"的会员，别说让吴晓波和罗振宇回答他们的问题了，即便想付费提问都十分困难。但即使与偶像之间相距十万八千里，对粉丝来说，为知识付费(订阅"每天听见吴晓波"或购买逻辑思维会员)这件事已经足够让他们觉得自己跟大咖很亲密了。

当然，如果只是通过收割普通粉丝的虚荣心来赚钱，知识付费就无法长久发展下去。用户是会觉醒的，如果他们发现自己在平台上混了很久却一无所获，最终还是会离开，并且对平台留下负面印象。所以，给予普通用户更强的参与感很重要——这一点，"分答"做得不错。

"分答"推出了一种众包机制，即鼓励核心用户参与内容众包，以助讲形式分担主讲的输出压力,增强社区联结,实现内容分层;"21 天知识训练营"也开始探索一种 IP 孵化机制,即挖掘有潜质成为独当一面的讲师的学员,扶持他们借助训练营提供的平台,不断成长。

站在用户的角度,如果一个知识付费平台能够让用户虚荣和实利兼得,那他们不仅自己不会离开,还会成为平台免费的"宣传委员"。

吴晓波,新锐中产的精神导师

在某一篇报道中,一个从小就喝娃哈哈 AD 钙奶长大的 1992 年出生的年轻人,在谈及自己为什么现在不喝娃哈哈的时候,说了一句令人啼笑皆非的话:"大概看起来不很中产阶级吧。"

其实,这代表了一种很普遍的社会心态。这两年,"新锐中产"这个词很火,听上去也很有品位。很多人只要被贴上"新锐中产"的标签,就觉得自己"实现了阶层晋升"。而对商家来说,如果你的产品和服务能够给消费者带来这种荣誉感,就有机会超越同行。

很多自媒体都宣称自己代表了"新锐中产的生活趣味","吴晓波频道"是其中的杰出代表。吴晓波团队以"吴晓波频道"自媒体作为流量入口,再通过社群"吴晓波书友会"把用户留下来,最终通过"每天听见吴晓波""思想食堂""企投会"等知识付费产品变现,成为这一波知识付费浪潮中的大赢家之一。

刚脱贫不久的新锐中产充满了知识焦虑,又缺乏真正的自学能力,他们需要找一位精神导师,追随着他学习。作为过去十几年来影响力最大的财经作家,吴晓波当仁不让地成为这批新锐中产的精神导师。

但这并不意味着只要交学费就可以成为学生。吴晓波对什么样的学生该收、什么样的学生不该收极为讲究。"如果我们的社群是乌合之众，大家不知道要干什么，不知道彼此是谁，很茫然地跑到一起，我觉得这个社群是没有价值的。"

吴晓波认为，一个人会有很多爱好、身份和标识，他可能生活在很多的社群里，但生活在同一个社群里的成员一定要在价值观和审美上互相认同。为了把"不合格的人"过滤掉，在"吴晓波频道"微信公众号注册第300天的时候，吴晓波写了篇文章，强调了自己真正需要的是怎样的用户，如"认可商业之美""崇尚自我奋斗""乐意奉献和共享"等。

因为观点的差异，"吴晓波频道"经历了一次"掉粉"，最多时每天有五六百人取消了对该公众号的关注。通过这一次"洗粉"，吴晓波频道留下的都是对该公众号自身价值取向比较认同的粉丝，"从这个意义来讲，所谓的社群才真正存在"。

这些价值观相同的粉丝的聚集是通过吴晓波书友会来实现的。吴晓波书友会最初是由粉丝自发组织的，后来得到了官方（吴晓波团队）的认可。

书友会按《罗伯特议事规则》来组织，每一个地区的班委在组建之后都要开会，选班长、班委。到2016年6月为止，全国有81个城市成立了吴晓波书友会，其中有31个城市的书友会选出了班委，北京更是有9个班委，他们会定期举行各种线下见面会和交流会等活动。北京有一个学习萨缪尔森经济学的书友会，曾连续两个月自发组织了学习。上海书友会曾在半年内搞了200场活动，他们有6个班委、十几个兴趣小组。

到2018年年初，吴晓波频道的兴趣小组经过"同类项合并"，进一步组合成了5个小组，分为创业、理财、户外、旅行、阅读，慢慢地变成了一种自组织。因为吴晓波频道，这些陌生人聚在了一起。

其他城市也建立起了自己的旅行小组，这些旅行小组共有2000多个成员。

他们自己组织了不少活动，其中的一场活动是由一个苏州的企业家举办的。他有一辆房车，于是在群里面召集了 30 多个人和他一起去青海，完成了一次青海的旅行活动。还有一次，旅行小组和一个旅行机构合作，拿到去泰国的折扣价，连吴晓波的女儿都非常有兴趣参加。

书友会还组织了创业组。现在，大学毕业生创业的很多，但失败率也特别高——据说高达 97％。创业组中既有年轻的创业者，又有创业成功的企业家。创业组把这些愿意创业的年轻人和创业成功的企业家聚集起来，通过培训和点对点的辅导，由后者向前者提供帮助。

在这里，每个人都是获利者，也可能是贡献者。通过共享和互利，让这个社群变得更加长久。

书友会把价值观相同的人聚集在一起，对很多粉丝来说，吴晓波书友会就是他们的精神家园。在粉丝达到 100 万人的时候，吴晓波到群里面问："有多少人因为参加频道活动而结婚了？"结果竟然有 40 多对，如果算上正在谈恋爱的，相信会有更多。

当然，组织社群让用户一起玩耍并不是最终目的，让他们消费吴晓波频道的产品才是关键。

截至 2017 年 7 月中旬，吴晓波频道旗下定价 180 元的收费音频节目"每天听见吴晓波"的订阅用户已接近 12 万人，也就是说，单这一项，"吴晓波频道"的收入已经超过 2100 万元。这些收入，大部分都是由吴晓波书友会的成员贡献的（包括口碑传播带来的间接贡献）。

相对来说，书友会还是一个中低端社群。通过对书友会的筛选，吴晓波团队还组建了一些高端社群，比如大头会。大头会主要由一些颇有身价的企业家组成。这部分成员可能在吴晓波频道已经至少花费了数万元，吴晓波频道将向他们提供一些高端的定制化产品或服务，比如开设向每人收费 1 万元的企业转型主题千人大课，又比如收费十几万元的"跟吴晓波去南极"等高端旅行服务。

或许对某些有身价的企业家会员来说，花钱听转型大课、跟吴晓波去南极的重点并不在于学习知识，而是与吴晓波建立联系，这或许正是圈子社交的本质含义。

TIPS

1. 给自己的社群贴上一个有格调的标签，比如"新锐中产"，能满足用户对荣誉感的需求。

2. 三观不同、知识层次不同的人很难长久共处，因此，知识社群的经营者不能来者不拒，而必须将不符合自身社群价值观的人拦在门外。

3. 社群规模变大后，不同层次成员的需求是不同的，因此社群经营者需要对用户进行分层，并分别为不同用户提供不同的知识产品。

花钱不图学知识，只求加入社交圈

肯不肯掏钱、肯掏多少钱，是划分粉丝等级的最重要的方式之一。

每一个爱学习的粉丝都希望能跟那些自己所崇拜的知识大咖成为朋友，但大咖的粉丝少则数十万、多则上千万，大咖怎么可能认识你呢？

以前写微信公众号文章时，笔者经常收到 200 元的打赏。当收到 200 元的打赏时，笔者往往不好意思不与读者互动。久而久之，笔者不仅能记住那几个经常打赏的粉丝的名字，有好文章还会第一时间发链接给他们。

很多粉丝打赏就是为了跟作者认识，确切地说，是为了让作者记住他。这不是在买友谊，而是表明交流的诚意。试想，作者的粉丝那么多，在读者没有通过精彩的评论打动他时，他怎么知道谁跟他互动的愿望最迫切以及他有限的时间应该优先分配给谁？

很多粉丝好奇大咖们在微信朋友圈发了什么，于是有一家公司推出了一个叫"贵圈"的 App，很多大咖在上面注册，他们自己朋友圈的内容也都会在"贵圈"上展示。通过注册贵圈，粉丝们即使加不了大咖的微信，也照样可以订阅自己喜欢的大咖的朋友圈。并且，由于"贵圈"这个名字的独特性，粉丝还会产生一种"圈内人"的错觉。

粉丝们还可以通过"小密圈"和"饭团"App 付费进入作者的 VIP 粉丝群圈，在里面跟作者互动。收费群的好处是，通过收费这个门槛，作者过滤掉了那些对自己兴趣不大的用户，吸纳了自己的"真爱粉"，这些进入大咖圈子的粉丝也因此会自觉维护社群里面的秩序。

因此，我们可以说，"小密圈"和"饭团"，都是知识大咖们的粉丝管理工具。

入驻这些 App 的大咖主要是这样几类人：积累了一定粉丝的知识达人，他们在很多平台上都很活跃，但需要有一个工具集中管理分散的粉丝；微信公众号作者，他们希望在微信公众号外有一个和粉丝近距离互动的机会，增强粉丝黏性；传统行业从业者，比如教育、培训等行业的人，往往在线下有稳定的流量，并且有和用户互动的意愿。

"小密圈"于 2016 年 8 月上线，入圈费用下限为 50 元，上不封顶。相比"贵圈"需要不断输出的订阅模式，小密圈采用社区模式，各个成员之间都可以交流讨论。最早入驻的大咖有科技博客"小道消息"的作者冯大辉、锤子科技平面设计师许岑、锤子科技创意总监 Nod Young、知乎联合创始人及创新工场投资总监张亮、caoz 的梦呓作者曹政等互联网从业者、媒体人以及投资人。

这些大咖进入"小密圈"最主要的原因当然是通过收费筛选出自己的"真爱粉"，当然，也能给作者带来体面的收益。冯大辉收费 128 元的"小道消息"读者圈付费订阅量过万，曹政的付费圈子订阅量也在 4 天内达到 2000 个。

　　"饭团"是果壳继"在行"和"分答"之后推出的新的知识付费产品。在饭团上，大咖被称为团长，粉丝被称为团员。团长会建一个需要付费进入的饭团，然后通过自己以及平台的力量在社交平台上招揽粉丝。经过收费和付费，团长和团员形成了一种私密性强、关联度极高的连接。

　　与微信群经常被各种乱七八糟的信息占据不同，"小密圈"和"饭团"里面讨论的都是沉淀下来的内容。原因很简单，大咖面对的是付费粉丝，如果整天说一些没营养的话，粉丝自然不会买账。

　　在本质上，"小密圈"和"饭团"都算是面向付费粉丝的"朋友圈"。甚至还有人戏称，加入了"饭团"，粉丝就成了大咖的"云好友"。

　　但这两者最大的不同是，"小密圈"给付费入圈者平等的权利，圈主和进圈的普通人都可以发布内容，这是一个让圈主和他的朋友们共同沉淀内容的地方，不是群主自己一个人的独角戏。而"饭团"则只允许团长和嘉宾发布动态，付费团员只有评论权。

　　在果壳COO姚笛看来，用户付费进"饭团"是为了追随达人，而并非是希望跟这个达人的其他粉丝进行交流，"饭团"这样做能通过建立合理的游戏规则来打造一个适度的交流空间，让团长与粉丝够亲密但又保持一定距离。而"饭团"负责人陈言在接受自媒体36氪采访时也坦白，"小密圈"这种让圈主的粉丝或圈主的朋友们平等互动的模式看起来更像是在切微信群的"蛋糕"。

　　在传播方式上，"小密圈"仅靠个人直接或间接的影响力进行传播，而"饭团"则继承了"分答""用分销机制来刺激传播"的成功经验：团员把"饭团"内的一篇内容分享出去，非团员想看到这篇文章的全文（包括图像、音频等）就要付费一元；而如果别人因为团员的分享而进行了团员资格的购买，那么这个收入就会由分享者和团长两人五五分账。

　　也就是说，"饭团"在传播上不仅利用了粉丝的社交链，而且社交链上的人还有机会从传播中获得收益，因此就更有动力帮助传播了。

"小密圈"和"饭团"连接的这些铁杆粉丝，真的是来学习的吗？当然不是。粉丝们真正看重的正是近距离甚至零距离跟大咖对话的机会。花钱买一个跟偶像零距离对话的机会在过去并不罕见。每年一度的巴菲特午餐拍卖会就是如此玩法，"小密圈"等无非是打着"求知"的旗号而已。

粉丝有一个错觉，好像只要他加入了"小密圈"，就真的能成为圈内人。相比那些虚无缥缈的、为知识付费就能带来自我提升的承诺，进入一个自己可能平常进不去的圈子，更能吸引粉丝前来买单。

试想一下，如果马化腾、马云或者李彦宏开了一个圈子，请他的朋友们加入其中，这个时候，即使进这个圈子的门票高达几十万元，依然会有人饶有兴致地付费进来看看。

"小密圈"的吸引力在于，即使你和那些"大V"无缘在现实中产生交集，但"小密圈"依然会给你和"大V"平等站在一条线上生产内容的权利，圈主自己发的动态和一个普通用户发的动态所享受到的曝光量并无二致。

"小密圈"连接的不是 1000 位铁杆粉丝，而是 1000 位铁杆粉丝的虚荣心。在这个角度上，知识付费无非就是传统圈子文化的一种现代变体罢了。

一个圈子要持续地满足用户的虚荣心、归属感，就必须维持一定的格调。"饭团"规定只有大咖有资格创造内容，普通粉丝只能写写评论，也是为了保证内容的质量。

而在人人都可以创造内容的"小密圈"，一旦一些不熟悉圈主的人被动进入圈子，哪怕是付费用户，对这个圈子整体的质量而言也不一定是好事。如果任由其创造内容，无疑会对圈子的生态造成破坏。劣币驱逐良币，那些愿意在圈子里贡献内容的人很有可能会离开。

为了维持圈子的格调，圈内人特别警惕层次不够的人混进来。"小密圈"创始人吴鲁加说，在"小密圈"的下一个版本中，哪怕你愿意交钱，也可能需要审核才能进入。

（本文部分内容引自"36氪"的报道。在本书写作的过程中，"小密圈"因涉黄被查封，但这并非"小密圈"创始人的本意。站在知识付费的角度，"小密圈"的模式仍然是有参考价值的，因此我们仍保留了这个案例。）

TIPS

1. 知识"大V"向粉丝收费，是筛选粉丝、建立圈子所需要的"门票"。否则，"大V"如此忙碌，而希望跟他零距离互动的粉丝又那么多，他怎么知道该优先满足谁呢？

2. 粉丝有一个错觉，好像只要他加入了"小密圈"，他就真的能成为大咖的"圈内人"。对这种身份和荣耀的追求，是他愿意付费的原动力。

站在那些"三分钟热度"的人肩上

社会浮躁，爱书的人很多，坚持读书的人却很少。哪里有人性的弱点，哪里就会有精明的商人来利用人性的弱点。"三分钟热度"的人太多了，贩卖延时药的江湖郎中就出现了。在2015—2016年，出现了一大批主打自控力、个人成长概念的社群，号称要帮助这些不能持久学习的同学们坚持学习，据说是一经治愈，永不复发。

在这些学习成长小组中，名气最大的是王泽阳的"自控力lab"、彭小六的"21天知识训练营"、易仁永澄的"幸福进化俱乐部"等。他们帮成员提高自控力的套路都大同小异：给成员布置作业，每周读多少页书、每天写200字的读书笔记；

每天定时去群里打卡；学员之间互相交流学习心得，学员之间按学习成效排名等。

笔者的小侄子不好好吃饭，但如果让他跟自己的幼儿园同学比赛，他就能吃得很快、很多。一个人独自去做往往没法坚持，一伙人聚在一起互相激励就容易坚持下去，这一点在成人的世界里依然适用。

王泽阳原本是磨铁图书公司的编辑，2012年8月，她策划出版了斯坦福大学心理学教授凯利·麦格尼格尔所著的《自控力》。该书出版后持续走热，至今已销售200万本，连续4年在亚马逊图书总榜中进入前10名，堪称奇迹。

王泽阳时常会困惑读者需要的是什么，或者书出版后，究竟是什么人在读。比如《自控力》卖了这么多本，但到底有多少人看完了，多少人从书中得到了启发，她都无从得知。于是，在2015年下半年，她萌发了自己做一个社群的想法。

2016年2月1日，"自控力lab"收费社群正式启动。王泽阳认为，自控力能够落实到四个方向——读书、写作、冥想、运动，她称之为四个核心习惯，"一个人只要能养成一个习惯，就可以终身受益"。

社群根据以上四个核心习惯分为三个组：读写组，每天坚持读书，并提交200字以上的读书笔记；冥想组，每天进行5到10分钟的冥想，把自己的感受发到群里；运动组，每天锻炼5到10分钟，并在群里打卡。社群为期100天，向每人收费199元，完不成当天作业的需要在群里发一个10元以上的红包。

因为王泽阳所策划的书大都是面向成长控的励志类书籍，社群成员也保持了积极向上的调性。他们希望能抱团学习，也希望有人带着他们学习。鉴于这些粉丝缺乏独立学习的能力，各种学习成长小组一般都会提供保姆式服务，陪伴他们学习。

无论是在群里打卡还是完不成作业要发红包，都像是对付幼儿园小朋友的手段。但为什么这些手段用在那些大学生、白领、新锐中产和家庭主妇身上也会有效？因为他们怕社群里面的其他人觉得自己不上进。我们可以不在乎陌生人的评价，却很难对朋友的评价置之不理。"有朋友在看着你""不能被朋友看扁了"，这是各种自控力社区运营的心理基础。

据说很多人参加了一期"自控力 lab"后看的书，比之前好几年看的书加起来都多。

在"有书"App 上，有领读人带着学员一起读书。领读人不时会针对领读章节发起话题 PK，用户可以在 App 内参与话题互动。这种感觉，像极了我们在小学三四年级跟着老师一起读语文课文的场景。

在 100 天阅读计划营里，彭小六输出了一些干货文章，与一群感兴趣的小伙伴共同来练习、讨论、实践。作为社群，该计划营会用陪伴和服务帮助学员将课程知识真正运用到具体的学习项目中去，形成从输入、整理再到输出的完整闭环。

在 21 天知识训练营，为了解决成员跟不上学习进度而放弃的问题，彭小六会在课前分发视频、语音等预习资料，并在社群中亲自解答成员的各种问题。当课程训练结束后，社群并不会随即解散，而是继续布置 30 天的打卡任务，并且在社群内更新内容，完成的学员就可以进入下一个为期 30 天的深度课程培训。

目前，彭小六在每个群里都设置了 6～12 个助教，这些助教都是知识训练营的优秀学员。这实际上是其未来的宏伟计划"海盗学员"的雏形——在接下来的一段时间内，彭小六计划做更多"去中心化"的工作，培养一部分优秀学员进行授课、开发自己的课程，形成个人品牌，然后再运营新的社群，这样也就完成了一次社群的裂变。

去中心化，一方面有利于社群在后期进行大规模扩张；另一方面可以孵化出一批新的 IP，这样也为一些优秀的学员提供了一次自我实现的机会。在这个平台上，优秀的学员不仅是内容的消费者，还是内容的生产者，与纯消费相比，参与内容的生产往往可以更好地带动知识的增长和消化。

也就是说，在这里，普通学员可以通过努力变成优秀学员，最终再成为助教或另一个"彭小六"。在这种机制下，学员也更有动力通过自己的社交链去发展新的"下线"，进而推动整个社群的壮大。

TIPS

　　我们可以不在乎陌生人的评价，却很难对朋友的评价置之不理。"有朋友在看着你""不能被朋友看扁了"，这是各种自控力社区运营的心理基础。

第六章

直播+社交：有流量，主播就不会离开

❖ 在直播领域,那些走下坡路的大多是纯粹做直播的平台,它们不仅缺少流量来源,也没办法给用户一个持续停留的理由,所以用户往往是看完了就离开。而陌陌直播、微博直播等低调的直播赢家则有一个共同点:它们的社交属性不仅能解决流量来源的问题,而且能够让用户来了就舍不得走。

❖ 网络女主播就像是你我身边的人,或许只要多打赏一点,就可以引起她的注意。

女主播或许有戏?

2016 年,直播还是投资人眼中的风口,但现在已经很少有人提起了。直播行业不仅不赚钱,还普遍面临着用户活跃度下降的问题。曾经如日中天的"映客""卖身"给一家公关公司,这让直播这个所谓的风口彻底失去了吸引力。

出人意料的是,起步较晚、依附于陌陌的"哈你直播"则不仅快速实现了盈利,而且还使陌陌的用户活跃度得到提升,成为直播界最大的赢家。与此同时,依托于微博的"一直播"也取得了骄人的成绩。

在直播领域,那些走下坡路的大多是纯粹做直播的平台,它们不仅缺少流量来源，而且也没办法给用户一个持续停留的理由，所以用户往往是看完了就离开。而陌陌直播、微博直播等低调的赢家则有一个共同点：它们的社交属性不仅能解决流量来源的问题，而且能够让用户来了就不舍得走。

业内人士普遍认为，直播在本质上就是一种社交方式，没有社交就没有直播。陌陌在异性社交领域已经实现了对用户的心智占领，用直播收割流量变现、增加用户活跃度和美誉度、完成产品转型升级，一举三得，水到渠成；微博则秉承了一贯的明星"大 V"路线，联合嫡系部队"一直播"，把粉丝牢牢吸附在自身的生态体系中。

直播社交有何特色呢？

社交的本质即甲传递某种信息给乙，乙接受信息并给甲反馈。以往在社交网络上传递信息的方式无非是文字、图片和语音，这些方式有一个共同点：信息的传递和接收并不是同时发生的；相应地，对方不能也不必给予你同步的反馈。

在移动互联网时代，人们变得越来越浮躁，我们对朋友圈发出几分钟后才有人点赞、微信消息发出半小时后才得到回复这样的事越来越没有耐心。对那些时间稀缺的精英阶层来说，"等有空了再回复你"的异步社交仍然是最好的选择。然而，对一些时间价值很低的人来说，能够即时互动的同步社交显然更加有吸引力。于是，直播便顺应潮流而诞生。

直播还克服了在异性社交中信息真假难辨的问题。

从前，一个男性用户要不要在 QQ、陌陌上进行异性社交，最主要的判定标准就是对方的头像，网恋过后才发现对方头像作假甚至根本是同性的事件屡见不鲜。与文字、图片和语音相比，直播更像是线下见面的替代品。在直播中，你可以跟看见美女的真身，上当受骗的概率大大降低。

此外，之前的微信视频、QQ 视频其实也是一种直播形式，但它们都是一对一的互动，无法解决一对多互动的问题。而直播则满足了明星和网红们同时跟许多粉丝聊天的需求。

明星、网红玩直播当然不是为了玩，而是为了黏住粉丝然后赚钱。那么，普通人玩直播又是为了什么呢？作为互联网原住民的 90 后和 00 后有更强的表达自我的需求，他们会觉得文字和声音的沟通方式无法表达出他们真实的心声；而在直播中被人围观，则可以受到关注，获得心理满足。

看直播的人又是为了什么呢？我们知道，大多数人上网的目的并不是学习知识、寻找有价值的信息，而是为了消解无聊、打发时间。既然是消解无聊，那他们看直播时，直播的内容是什么不重要，重要的是能通过直播跟别人即时互动。

给主播打赏，就有可能获得主播的回复，评论区以弹幕形式弹出欢迎字样，让他产生了一种自己被主播关注了的感觉。对平时在工作和生活中缺乏存在感的人群来说，这种满足感实在是太重要了。因此，就连化妆、吃饭和睡觉一类的直播也大受欢迎。

在直播的用户中，还有一个特殊的群体——大 R，即那些给主播打赏比较多的用户。这个群体的人数并不多，但却在直播的生态中却占有举足轻重的地位。

大 R 的打赏金额少则数千元，多则数十万甚至上百万元。据媒体报道，陌陌直播某公会会长江南如春目前已经在陌陌消费 700 万元。江南如春将直播看作一种在商业上牵线搭桥的工具。江南如春在郑州一个 5 亿多元的项目就是通过粉丝介绍的，"可能我就是第一个能通过线下的互动来收获投资的玩家"。

还有的大 R 则纯粹出于争强好胜的心理来打赏。给一位主播送礼最多的人会登上主播映票榜的第一名。一个占据榜首的人，如果被其他人反超了，就会觉得自己的地盘被占领了，就会再充值去给主播送礼。有时竞争会发生在两位大 R 之间：当两位大 R 在观看同一位网红直播时，会通过打赏来进行比拼，看看谁最终能争夺到第一的位置。

此外，据徐志斌在《小群效应》中披露，某直播平台的高管采访了一批超级付费用户，询问他们为什么会花这么多钱来打赏主播。这些大 R 告诉他，打赏会显得自己很特别，这会让部分网红簇拥在他们周围——不管是线上还是线下，当他们前往外地时，当地的网红也会闻讯赶来见面。

特权展示带来的虚荣和炫耀心理，如大 R 上线时会全区弹出告示，专属虚拟装备刻上玩家名字，吸引许多免费玩家在游戏中追随、簇拥，都是部分玩家转变成大 R 用户的原因所在。

可见，直播过程中的互动不仅发生在观众与主播之间，也发生在观众与观众之间。

看直播看到舍不得走

"愿得一人心，一起卸载陌陌。"陌陌上曾经一度流行过这样的签名。无论是相亲平台还是陌陌这样的陌生人交友平台，都面临着一个悖论：一旦用户在某个平台上交友成功或牵手成功，他们可能就不再需要平台了。用户梦圆之时，恰恰是平台心碎之刻。

5 年前，陌陌创始人、CEO 唐岩特别头疼：用户一旦彼此熟悉，就会互相加微信，然后放弃陌陌。辛辛苦苦引流，结果却只是在替微信打工，这当然不是陌陌的初衷。

5 年后，局面天翻地覆。陌陌成功地搭上了直播的顺风车，并在整个行业普遍亏损的情况下赚到了真金白银。2016 年全年，陌陌的净营收达 5.5 亿美元，其中 80％来自直播。

拥有天然的 2 亿多用户流量，陌陌直播在初期上量和后期拓展上都要比那些单一的直播平台容易得多。

在映客这样功能单一的直播平台上，用户往往是来了就走，很难留下来，也不能创造利润。但在陌陌上，从单聊、群组、社区到好友动态，陌陌当初所布局的社交生态圈足以为用户提供完整的社交体验，增加直播功能，对用户来说，无非是新增了一种交流的方式而已，早期沉淀下来的付费用户也更容易变现。

陌陌最早的直播服务是 2015 年 9 月推出的"陌陌现场"。"陌陌现场"走的是明星路线，请来了任贤齐、旅行团、好妹妹乐队等专业歌手献唱，加上专业的制作团队和设备，"陌陌现场"做出了一场场堪称线上演唱会水准的直播，吸"睛"和吸金效果都不错。但邀请专业歌手入驻的成本太高，并且很多歌手根本就不愿意入驻，因此，"陌陌现场"的模式无法长久维持下去。

于是，到了 2016 年 4 月，陌陌开放了全民直播，普通用户只需要提交身份信息即可参与直播。和传统秀场、直播软件有本质不同的是，陌陌直播中主播与观众的关系不再是单向的，而是可以双向互动的。

截至 2016 年年末，陌陌的直播付费用户达到了 350 万人。针对那些等级较高的付费用户，陌陌直播还添加了连麦功能，让他们能和主播同框，进行一对一的互动。这既刺激了用户消费升级，也丰富了用户和主播互动的方式，带给用户新鲜的直播体验。

陌陌平台上越来越多的用户认识到，与文字和图片相比，视频直播具有更丰富的内容及更令人激动的实时性。移动视频直播在带来更多社交玩法的同时，也改变了人与人之间的交流方式，并成为多维度展示自己并建立社交关系的新途径。

数据显示，在现有的陌陌用户里，平台的 DAU(Daily Active User，日活跃用户数量)变成直播用户的转化率已达到 20%。

陌陌方面也表示，未来在陌陌的产品策略上，还是会把视频元素加入到陌陌所有的社交场景里面，比如附近的直播、附近的时刻，将陌陌的导向从泛社交引转变为泛娱乐，让更多的用户使用陌陌。

除了带来眼前的丰厚利润之外，直播对陌陌来说还有更深远的价值——直播带来的刺激感解决了原先用户交友成功后就离开平台的问题。陌陌 2017 年第一季度的财报显示，直播服务在日活用户中的渗透率达到了 24％，在直播业务的刺激下，陌陌的用户活跃度和黏性都得到了较大提升。

但陌陌并不想变成一个纯粹的直播平台，按照唐岩的说法，陌陌最终想做的依然是社交，直播和短视频只是社交场景的一部分。

用户使用陌陌本质上是基于相互发现的社交需求，即交朋友。陌陌上的直播不再只是采用秀场主播通过展示才艺获取打赏的模式，也不只是进行移动场景下各类吃喝玩乐的实时直播，它还可以成为一个人结交新朋友的方式。

以"认识附近的人"起家的陌陌，让用户也可以通过搜索结识附近的主播。用户找到离自己最近的主播，喜欢了可以打赏，直到引起主播的注意，完成一次陌生人社交。

用户也可以在关注了主播后，在陌陌里找到主播所在的群组，加入群组和主播同平台聊天互动。每次在播主发起直播后，该主播的关注者都会收到通知提示，适时观看。

和传统秀场、传统的独立直播平台有着本质不同的是，主播与观众的关系不再是单向的，两者之间的社交关系有着非常丰富的属性，可能是朋友、同事、附近的人，陌陌因此提高了主播和观众、观众和观众之间互动的关联性。

每个用户都可以看到所有的在线用户，还能关注或发私信给任何在线用户。可见陌陌直播不仅重视主播和用户间的互动，也重视用户和用户之间的交流。

并且，能有资本当主播的人毕竟比观众少得多，普通用户之间的互动也许是更现实的选择。不知陌陌直播的下一次改变中，会如何照顾普通用户的这种需求呢？

TIPS

1. 从用户可以搜索并结识附近的主播来看,陌陌的直播完全是其基础功能的延伸。当然,直播的优势在于通过即时互动的强刺激解决了用户在交友成功后就卸载软件的问题。

2. 首先,陌陌本身的社交基因为直播提供了流量;其次,直播又回馈了社交,增强了用户黏性。同时,这种社交＋直播的模式很容易形成对那些纯直播平台的"跨界打劫"。

免费的主播与忠诚的粉丝

当生活在大城市的人普遍感觉身边的人好像都不怎么用微博了的时候,微博的各项财务指标却在出人意料地上扬——2017 年第一季度,微博的净营收达到 1.992 亿美元,较上年同期增长了 67%。

微博的二次崛起,主要依靠面向三四线城市的直播功能。

微博自身并不带直播功能,但它自 2013 年 7 月起参与了直播平台"一直播"母公司一下科技的 B、C、D、E 轮融资,并成为控股股东。此后微博与一直播进行了资源共享——微博给"一直播"提供流量,"一直播"为微博提供直播功能,两者紧密地融合。所以,我们现在所说的微博直播,其实就是"一直播"。"一直播"和微博的紧密结合,也是它和众多没有根基的直播平台的重要区别。

在直播行业开始洗牌的时候,微博直播却后来居上,成为一大赢家,主要原因就在于有微博社交体系的支撑。

为了吸引用户,很多直播平台不惜血本,以千万元的天价签约人气主播,但对微博直播来说,这些钱和精力都可以省下来,因为微博是自带主播的。

很多直播平台也希望邀请明星去做直播,但许多明星会觉得直播是自降身

91

价,所以会开出天价出场费。但让明星直接在微博上做直播就很顺理成章。长期以来,微博就是很多明星和网红最主要的发声平台之一。微博依赖明星和网红增加人气,明星和网红更加离不开微博,所以这些"大V"基本都会心甘情愿地免费入驻微博。明星们也已经习惯了在微博上跟粉丝互动,在他们看来,微博直播无非是提供了一个图片、视频之外的工具而已。

目前,在微博上入驻的明星超过3000位,自媒体人和网红更是无数,还有大量有着表演欲的草根用户也有通过直播来释放自己的强烈愿望。这些人都有很强的内容创作能力,是微博天然的主播资源。

"一直播"负责人雷涛也分析,"大V"和娱乐明星的直播主要是传播内容给观众收看,偏重内容属性,而普通用户则更偏重社交属性。

单一直播平台最大的问题就是缺乏稳定的观众,用户如果要去这些直播平台上发起直播,就得从零开始培养粉丝;更重要的是,直播平台没有办法为每个主播进行流量分配,所以大明星也不得不与那些草根主播站在同一起跑线上。

而在微博上,无论是"大V"、明星还是网红,都有数十万、数百万乃至上千万的粉丝。当用户打开微博,如果他是某个正在直播的明星的粉丝的话,就会收到一条消息说某某正在直播,可以按提示点击进入观看。因此在微博上做直播,明星网红们可以充分利用好自己现有的粉丝资源,即便不做什么推广,也照样会有很多人看。

此外,由于微博的社交属性,微博直播也更容易得到用户的二次传播,被更多人看到。有主播曾经发现,在微博上做直播,被吸引来的用户有60%都是新用户,来自"一直播"App及微博上的大量用户。这些新用户中会有人因为对直播内容感兴趣而沉淀为主播的粉丝。

此外,过去明星可以通过文字和图片向粉丝展示自己的形象,并收到粉丝的回复,这种互动虽然几乎是零距离的,但仍然是异步的,也不是面对面的。有了直播以后,明星可以随时随地用直播来分享自己的近况,上飞机前、化妆时和晚会登台前,都是极好的移动直播场景,能带来让粉丝感兴趣的内容。

有一些粉丝会给自己喜欢的明星打赏。微博直播上还设置了"主播的守护榜",给主播打赏最多的用户会榜上有名,这极大地满足了打赏者的虚荣心和荣誉感,也会激励他们下次继续打赏。

我们在前面说过,所谓的微博直播,实际上是指微博提供流量来源,通过一下科技旗下的"一直播"实现直播。只有发起直播的主播才需要安装"一直播"App,作为观众的粉丝,无须安装便可以直接在微博中与明星偶像进行直播互动,这一功能有效地提升了明星与粉丝之间的互动效果,因此受到广大追星族的热捧。

此外,主播动态版块还模仿了微博的形式,让主播可以发送简单的图文信息或者视频,其他用户可以留言与主播互动。作为视频集图文版块,微博直播形成了一个用户与主播间的粉丝集群社区,有效提升了平台和主播的用户黏性。

TIPS

1. 单一直播平台最大的问题就是缺乏稳定的观众,用户如果要去这些直播平台上发起直播,就得从零开始培养粉丝;而且更重要的是,直播平台没有办法为每个主播进行流量的分配,所以大明星也不得不与那些草根主播站在同一起跑线上。

2. 直播给了粉丝们一种可以跟自己喜欢的明星面对面互动的感觉。这种兴奋感,使他们愿意投入到自发传播中。

第七章

运动+社交：独跑跑，不若众跑跑

❖ 对那些真正热爱运动的人来说,没有微信运动和悦跑圈这样的工具,他们照样能坚持运动。可以说,对运动软件趋之若鹜的,很多都是伪运动者。

❖ 原本只是为了炫耀,结果却一不小心养成了良好的运动习惯。因为有真人同步训练和各种攀比的激励,很多用户每次训练都能完成任务,很少出现偷懒的情况,他们甚至反映,自从用了"Keep"App,运动根本停不下来。

看我多上进

自"微信运动"上线以来,涌现出了 3000 多个与运动有关的应用程序,这些程序有个共同特征:使用者可以把自己每天的运动量晒出来,甚至还可以晒出自己在朋友圈运动达人榜上的排名,然后再通过获得围观者的点赞来满足虚荣心。

这种以"炫秀晒"为目的的运动,跟那些缺乏学习动力但乐意为知识付费的行为在本质上并无二致——你以为他是在运动,实际上他只是在表现自己的"上进心"。而那些真正热爱运动的人,即使没有微信运动和悦跑圈这样的工具,照样能坚持运动。可以说,对运动软件趋之若鹜的,很多都是伪运动者。

但运动软件依然是有其积极意义的——有些人原本没有动力坚持锻炼，但在这种虚荣的压力下不得不硬着头皮坚持，时间长了，或许真能培养出运动的好习惯。还有些人在运动的过程中结识了新的朋友，生活更加丰富了。

做运动最主要的障碍并不是累，而是孤单和枯燥乏味。所以，一些运动类App打出了口号"让跑步不再孤单"，算是切中了痛点。

在微信运动每日步数排行榜的算法中，凡是当天参加了运动的人，都会被纳入统计。在这里，用户可以清晰地看见自己的微信好友中有多少人在一起运动，于是，当他发现运动并不是自己的个体行为，而是一个圈子的群体行为时，就不会感到那么孤单了。

每个人都说要减肥，但要坚持运动并不容易。把这些有共同目的人放在同一个社区里，让他们互相交流心得、互相鼓励、互相监督，或许会有实际效果。中国网络上最大的减肥论坛——薄荷正是这么做的，它让减肥从一件痛苦的事情变成了一件可以交流和分享的事情。

"中国人和外国人跑步最大的区别是，外国人是自己在跑步，中国人是某个群体一同跑步，分享的欲望更强。圈子里的鼓励和认可很大程度上决定了个人的活跃度和坚持能力。"悦跑圈的创始人梁峰说："健身本来就是挑战自己的一项孤独旅程，但总有那么一些时间，我们需要和其他在做同样事情的人打声招呼，鼓励自己继续前行。"在同行中处于领先位置的悦跑圈声称要"为认真跑步的人打造圈子"。

一个人跑步很枯燥，但一伙人约在一起边跑边聊的话，就没那么乏味了，还可以组织各种趣味跑步，比如彩色跑，就是一项 2011 年发源于美国的运动，被称为"地球上最快乐的 5 公里赛跑"。参加者身着白色 T 恤，跑步过程中会依次经过不同的色彩站，被从头到脚抛撒彩色粉末。

人们对运动的认知是感性的，这也决定了关于运动的话题在社交中会很受欢迎,甚至会成为缺乏共同语言的人打破尴尬的灵丹妙药。普通人可以一起约个跑增进友谊,谈生意、谈合作从谈运动来破冰也十分合适——运动聊得畅快了,谈生意更容易。

在包括微信运动和 Feel 在内的多款运动社交程序中,用户都可以将自己的运动数据分享到微信朋友圈、微博等社交平台上。单纯的运动数据比较枯燥乏味,如果这些数据能融入各种运动达人排行榜上,就更有意义了。

大多数人都不甘心在小事上输给别人,尤其是不能输给跟自己关系比较密切的人。如果周围的人都在晒运动成绩,那自然也会想参与到运动排行中去。不少网友表示,自己就是因为看到朋友圈内朋友分享微信运动排行榜的截屏后,才知道这个应用的。排行榜的意义在于激发好友之间的互相攀比心理。

攀比往往有两种动机:一种是把别人踩在脚下,找优越感;一种是不能被别人给看扁的自我保护心理。不管是哪种动机,都会促使当事人有更多的动力去运动。"昨天我的一个朋友走了 20000 多步,而我只有 3000 多步,汗颜啊……每次看见他们的排名和数据我都会有一种冲动,明天我一定要超越他们。"有学生称,为了登上排行榜上第一名,让自己的信息和名字被更多的朋友看到,他总是带着手机或者运动手环出门暴走,更是激发了他散步或者夜跑的热情。

"想要塑造自己在他人面前的形象"这个朴素的需求,是攀比的原动力。甚至人们都不在意自己在比什么,更追求比的过程和最终那个结果。可以说,好友之间的比拼会吸引更多的人加入并且留下。

哪里有排名,哪里就有作弊。连运动量排行榜这种没有实际价值的榜单,也会有人为了能夺冠而投机取巧。

在微信运动榜单上,一位不爱运动却不愿落后的刘女士连续几天占据了排行榜首位,她运动的步数多得惊人,获得了朋友圈内的多方点赞。然而令人哗然的是,刘女士为了蝉联冠军,竟然将手机绑在宠物狗的身上,以此积攒步数。

还有网友透露，他曾用删好友的方法帮助自己登上微信运动排行榜的首位：
"我在微信上删了两个基本不联系却在微信运动排行榜上常居第一第二的好友，
不删我怎么夺冠？"

针对这些被虚荣冲昏了头脑的行为，悦跑圈推出了防作弊功能。梁峰说：
"设置防作弊功能，是为了确保留下来的都是很真实、很纯粹的用户关系，保证用
户感受度。"

在悦跑圈的百度贴吧中，有人提问："怎么作弊？"所获答案中有一条便是：
"悦跑圈发现作弊后，会直接查封你的账号并清除全部数据。楼主请自重。"

还有一些人并不关心排名，他们玩运动 App 纯粹是为了维护友情。

总有一些喜欢给别人点赞的人。微信运动上线以后，这样的人仍然会成为
点赞狂魔，甚至还会给出现在排行榜上的每一个朋友点赞。"不管他们发什么我
都点赞，就是为了让他们知道我有在关注他们，我们之间还是有联系的。"有网友
如是说。

而对一些喜欢晒运动成绩单的运动爱好者来说，如果突然发现一个很久都
没有联络过的故友给自己点了个赞，也会觉得倍感亲切，甚至是受宠若惊。爱好
运动的小威说，正是因为在自己朋友圈上晒步数和跑步地图，他还跟之前的一个
朋友重新联系上了。一直以来，两人虽然住得很近，却从未碰面，微信运动的出
现让他们可以相约一同夜跑。"我觉得这样的形式非常好，既能运动，又能维系
关系，一举两得。"

如果你不方便约熟人一起跑步，那么在 App 上约一些陌生的运动爱好者一
起运动，就是更好的选择。在这个过程中，还能结交到新的朋友。这其实一点都
不新鲜，广场舞大妈们早就在这么干了。

"友谊第一，排名第二"，或许这才是各种运动 App 的真谛吧。

"晒"过之后，就不好意思半途而废了

因为自己担心身高 1.76 米、体重 90 公斤的形象不利于找工作和找女朋友，2013 年下半年，王宁开始在知乎、百度贴吧等地方搜集健身方法，摸索着练习，10 个月减肥 25 公斤。在搜集资料的过程中，王宁发现，有关减肥的视频、文章更新得很慢，而且要找到优质内容如大海捞针，也缺乏系统性。在豆瓣、知乎和贴吧的减肥小组里，很多人都有这样的困惑。

王宁敏锐地意识到，如果有一个 App 能聚合各种减肥信息，一定会有市场。于是在 2014 年年底、2015 年年初，他创办了提供健身课程服务的移动应用程序 Keep。Keep 鼓励用户跟同伴分享健身的过程，让健身不再是一件枯燥乏味的事情；更为难得的是，因为经常"炫秀晒"，很多用户便不好意思半途而废了。

截至 2017 年 3 月，Keep 的用户数已经突破 8000 万，在运动类 App 中名列前茅。

新用户在注册 Keep 的过程中，系统会根据用户的运动阶段推荐零基础、有经验和经验丰富几个档次的课程，并自动推荐一些你可能感兴趣的朋友——这些人都跟你实力相当，即处于同样的运动水平。

注册完成之后，用户还可以看到添加好友功能。在这里，用户可以知道自己的手机联系人和微博联系人中还有谁也在使用 Keep，并添加他们为好友。如果某个跟你要好的朋友尚未在 Keep 上注册过，而你又希望他也能加入，就可以用微信和 QQ 邀请他下载 Keep。

有朋友，你就不孤单了。Keep 鼓励好友之间同时进行同样的课程训练，这样容易互相比较。为了达到课程效果，也为了在朋友面前有面子，用户就更容易

坚持下去，从而避免了在健身房独自训练时往往半途而废的悲剧。训练结束后，你还可以"吐槽"课程有多累人（实际上是在炫耀自己完成了高难度的锻炼课程）。

当人们秀健身照的时候，他们究竟是在秀什么？是审美和自律。Keep 的用户大多是年轻群体，90 后是主力军：他们思维开放，健身对他们来说是一种很新鲜、很酷的生活方式。"你以为这是看脸的时代，可他们说你只看到了脸和身材，却没看到背后的自信、自律、意志与新一代审美观的确立。"一位 90 后的 Keep 用户在留言中如是说。

为了让坚持付出的用户得到关注和认可，从而激励用户坚持锻炼，使健身更有趣味性和挑战性，Keep 推出了全站排行榜、小组训练排行榜等。每天坚持训练可赢得其他用户的点赞、崇拜及相应等级的徽章。徽章可以刺激用户为了获得更高等级的徽章而花更多的时间健身。

朋友都给你点过赞了，官方也给你发了徽章，你还好意思半途而废吗？

在 Keep 引入电商功能，开卖一些运动周边产品后，原先只代表荣誉的徽章还可以当优惠券使用。换言之，如果在 Keep 上拥有良好的运动成绩，那你在这里购物也能享受到更多的优惠。

原本只是为了炫耀，结果却一不小心养成了良好的运动习惯。因为有真人同步训练和各种攀比的激励，很多用户每次训练都能完成任务，不容易偷懒，他们甚至反映，自从用了 Keep，"根本停不下来"。

在一份产品体验报告上，我们看到了这三个案例：

● 我叫张三，17 岁，是一名高中生。平时白天课很多，每天晚上用 Keep 围绕学校进行夜跑，跑完后将自己的跑步成绩分享出来，得到大家的加油，好高兴，有了继续跑下去的欲望。一个月后，自己的身体越来越棒，也越来越漂亮，白天上课精神多了。

● 我叫李四，21 岁，是一名大学生。大学时空闲时间多了，每天晚上和小伙伴们用 Keep 在操场夜跑，回到寝室后还会根据自己定制的课程再练一组运动动作，然后将自己的成绩分享到 App 和朋友圈中。睡觉前发现收到了很多大家给我的加油，也看到了小伙伴今天的健身成果，顺手点了"加油"。这么多人一起健身，我相信自己一定可以坚持下去，练就好身材。

● 我叫王五，32 岁，是一名公司中层管理者。因为每天业务繁多，我的身体也越来越差。这两天我办了张健身卡，每天下班后去健身房锻炼几小时，调整一下身体状况。由于私教太贵，我用 Keep 定制了自己的课程表，还能有针对性地选择训练计划。练完后，将自己的训练成果分享到 App 和朋友圈中。回到家，发现收到了大家很多的加油，这些加油给了自己很大信心。看了看达人的动态和健身资讯及建议，想着明天也这么试一下。

一种更常见的情形是，一个大学宿舍里有一个人开始用 Keep 练习，分享各种数据图谱和健身照片之后，很快就带动整个宿舍里的人一起练习。

Keep 在刚上线的时候，通过社交媒体获得了 4000 个种子用户，然而仅仅过了 3 个月，Keep 的用户数便突破了 200 万，最关键的原因便是，Keep 的用户体验极好，这些被治好了的"懒癌"患者对 Keep 充满了感激，他们在自己的关系链中进行"炫秀晒"，帮助 Keep 实现了病毒式传播。

在养成良好的运动习惯之后，用户还有机会通过同城和兴趣小组结识到志同道合的朋友。进入 Keep 的"发现"版块，有同城和兴趣小组的入口。

同城以地理位置做区分，将附近的人以距离远近为指标进行排列。这个模块主要是鼓励用户发现周边的健身者，缩小社交圈的范围，找到可以一起完成线下锻炼的圈子。

兴趣小组是由达到一定训练等级的用户自行创建的，小组功能类似于兴趣社区，同一类群体聚集在一起，提高了用户话题度和活跃度，增强了用户黏性。

Keep 创始人王宁的心愿是，让 Keep 成为像 Google 那样的一个"动词"。"用户需要搜索信息的时候，会说'我 Google 一下'。我们也希望能够把 Keep 的品牌灌输给所有渴望运动的用户，让大家都记住 Keep。想要运动的时候，能够很自然地想到我需要 Keep 一下。"

TIPS

1. 在陌生人变成熟人并建立社交关系的过程中，每个人的行为都要受到其他人的评价和制约，导致的结果便是，每个人都努力地表现出一副"我很上进"的样子。

2. Keep 鼓励好友间同时进行同样的课程训练，这样容易互相 PK。为了达到课程效果，也为了在朋友面前有面子，用户就更容易坚持下去，从而避免了在健身房独自训练时往往半途而废的悲剧。

即使远在天涯海角，也能一起跑马拉松

立志"做跑者的圈子"的悦跑圈是社交运动软件中的潜力股。

与牢牢霸占着 App 下载量排行榜的 Keep 和咕咚相比，悦跑圈的用户数要少得多，但其影响力却并不逊色。悦跑圈不仅为跑者们搭建起了一个"以跑会友"的平台，而且还独创性地办起了线上马拉松，引发了同行的竞相追随。

笔者刚注册悦跑圈不到 30 秒，就收到一个来自同城的好友申请，还有两个好友推荐。似乎这里的人都有着跟陌生人交流的强烈诉求。

悦跑圈上的跑友圈类似于微信朋友圈，你可以在那里以文字或图片的形式分享自己的跑步状况。点进"跑友动态"，你还可以看到其他跑友更新的状态。在"发现好友"中，你可以扫二维码当面添加对方为跑友，也可以导入微信、QQ、

微博和手机通讯录里的朋友。当然，系统也会自动为你推荐陌生跑友。在"发现跑团"里，系统会为你推荐一些以地域和校园等为关键词的跑团，你可以自主选择加入或不加入。

跑友或跑团的成绩会出现在跑者好友榜和跑团人均跑量榜上。在跑者好友榜上，用户可以查看全国悦跑圈用户的排名情况，可以查看某用户的最好成绩，并且可以添加该用户为好友，以此结交跑友。在跑团人均跑量榜上，笔者发现有一些跑团的成绩相当惊艳，如定位在黑龙江绥化的中国保安马拉松俱乐部，某周人均跑程为 47.11 公里。用户如果希望能被这样的团队带着一起锻炼，就可以点击"申请加入"。

用户在悦跑圈上加好友的最主要动机，可能并不是想知道别人每天的运动量，而是希望别人能看到自己。悦跑圈联合创始人梁峰说自己"发现了一个特别有趣的现象：中国人跑步是跑给别人看的，老外跑步是跑给自己看的"。因此，他在做悦跑圈之时就明确了一点：一定要满足中国人希望交流、分享、炫耀的需求，而要满足这种需求，整个 App 就要在运动服务的基础上额外增添社交性。

为了确保用户的质量，悦跑圈并没有追求用户数的极速增长，而是希望能吸引真正的跑步爱好者并让他们留下来。另一方面，跟其他很多跑步软件可以随意建立跑团不同，悦跑圈对跑团的建立有着严格的审核程序，还会定期清理活跃程度不高的跑团。

为了让传播变得更加直接，悦跑圈在相机的基础功能上增加了水印和滤镜的功能，使照片看起来更酷炫、更有格调，这极大地增强了用户对分享运动成果的兴趣，满足了用户社交的虚荣心。

从长期看，单纯地关注别人的运动动态也比较枯燥乏味，用户需要刺激，最好是经常举办一些赛事让他们互相比拼。

悦跑圈上有一个有趣的竞赛大厅，用户可以创建或者加入各种不同的竞赛项目。悦跑圈成立以来运作最成功的项目就要数线上马拉松了。所谓线上马拉松，即在网络上举办的马拉松——在各种线下马拉松活动的当天，悦跑圈的用户可自行选择地点，同步完成全程/半程/10 公里马拉松，用 App 记录数据，即可获得悦跑圈官方颁发的马拉松奖杯。

在梁峰看来，悦跑圈举办线上马拉松的契机是发现了跑者对荣誉的渴望、想要满足自我的成就感或者说虚荣心，希望通过跑马拉松来获得奖牌勋章。很多跑者到各地甚至全世界去跑马拉松的原因就是收集各类赛事的奖牌，跑者之间还会交流配速、全程马拉松完赛的成绩。

线上马拉松的尝试最早开始于 2015 年的厦门马拉松，虽然厦门马拉松已经举办了十多年，但是半程马拉松完赛后依旧没有奖牌，而在悦跑圈联合创始人齐宇看来："中国的跑者对奖牌的热情非常高涨，对于他们来说，没有奖牌就等于白跑。"于是悦跑圈就主动联系了赞助商，提出为"半马"完赛者提供奖牌，前来领奖牌的人将展台围得水泄不通。

这次，共有 5000 名悦跑圈在线跑友收到免费颁发的厦门线上马拉松定制奖牌。线上马拉松的奖牌比传统马拉松的奖牌更加漂亮，这样让参加线上马拉松的用户有了荣誉感，也增强了用户对悦跑圈平台的归属感。

从 2015 年 1 月至今，悦跑圈推出了大大小小超过 40 场线上马拉松活动，每次参与人数达四五十万人。官方每次都会搭配一块精美异常的完赛奖牌，2017 年上半年更是创新玩法，推出错位拼接奖牌组合、机械锁奖牌等，成为跑圈奖牌设计的典范。

移动互联网发展进入下半场，用户增长越来越难，精耕细作成为下一个阶段的发展重点。悦跑圈也开始对用户的需求进行深度开发，甚至开发出了一些连用户自己都没有意识到的潜在需求。

2017 年 7 月初，为庆祝国际亲吻节，悦跑圈举办了接吻马拉松的线上主题活动。活动一经发起，就引发众多网友晒出接吻照秀恩爱，掀起一阵亲吻热潮。

　　活动的规则是跑友们只需登陆悦跑圈 App，在♯接吻马拉松♯话题下秀出你最爱的接吻照，即视为成功参与。7 月 6 日国际接吻日当天的 14 点到 20 点，话题主持人悦跑星探还进行了为期 6 小时的动态直播，发布话题精选内容和热辣点评。一位跑友惊呼："这是'虐狗'的节奏啊！"

　　此次"接吻马拉松"目的是让用户在跑步运动中感受到温情与温馨。正如梁峰所言："跑步是一件有情感、有温度的事，跑步是可以充满爱的，它承载的不只是时间和场景，还有感情。让跑友们快乐奔跑，为跑友们创造愉悦的跑步情绪，这一直是悦跑圈服务广大跑友的初衷。"

TIPS

　　用户在悦跑圈上加好友的最主要动机，并不是想知道别人每天的运动量，而是希望别人能看到自己。用户的虚荣心和荣誉感正是商家需要去重点挖掘的。

第八章

旅行+社交：和谁一起旅行，比旅途中的风景更重要

❖ 对有些旅行爱好者来说，约伴同行主要是为了省钱，但在旅途中，大家就变成了朋友，原来的金钱关系就被淡化了。也有些人约伴主要是为了找个人一起看风景，甚至会明确提出同伴要会拍照等需求。

❖ 为了体验旅行目的地的风土人情，很多游客都希望能住在当地人家里，但在民宿出现之前，这几乎是一个奢望。民宿的出现，让旅途中的人们找到了家的感觉，旅客跟民宿主人之间不再只是生意关系，而且还可以以朋友的身份相处。

和新的人一起遇见新的风景

"丽江从来不说自己的景色有多美，而是自称为'艳遇之都'。"到 5A 级景区、住五星级宾馆，不如偶遇一个志同道合的好友，和一个有趣的陌生人开启一段未知的旅程。这不再是偶像剧里的桥段、歌里的说唱词，约伴出游早已在年轻人中流行开来。

在豆瓣上，约伴、结伴、驴友等相关小组的关注人数达千万人，日均发布 4000 多个帖子，其中有 3000 多个是关于约伴自由行的。截至 2017 年年底，穷游的"结伴同游"版块已经产生了 70000 多个主题，是主题数最多的一个版块；另外百度贴吧、天涯等社区,每天也会产生不少邀请结伴旅行的帖子。

通过百度搜索"旅行分享""旅行约伴"后,可以看到数目巨大的相关结果以及各种各样的提问内容,可见人们在旅行中分享与约伴的需求还是比较大的。

据业内人士统计,目前全国范围内约有6600万人有约伴旅行的需求。

财经作家吴晓波曾组织了一批企业家去南极旅游,上海东方传媒集团副总裁、《第一财经日报》总编辑秦朔也曾带了一批企业家去沃顿商学院游学,这都是大咖之间的约伴旅行。上海还有一个叫游读会的公司,经常组织知名作家和学者带着粉丝去旅游,即边游边读,把旅游和读书结合起来,这也是一种以大咖为核心的旅行社交。

但更多的旅行社交其实是发生在草根与草根之间的。在达客旅行、行者、捡人、妙途等以旅行约伴、分享为主要功能的 App 上,时不时有旅行爱好者冒出来约伴。

对有的旅行爱好者来说,约伴主要是为了省钱而拼车拼吃,但在旅途中,大家就变成朋友了,原来的金钱关系就被淡化了。也有的人并不缺钱,约伴主要是为了找个人一起看风景,有的人甚至会明确提出会拍照这样的要求。因此,达客旅行创始人刘统一把旅行概括为"遇新"——遇见新的人、和新的人一起遇见新的风景。

那些不喜欢没个性的标准化旅馆的人可以在到达目的地之前在 App 上结识几个当地人,先跟他们交朋友;等到达目的地后,便可以付费在这些新朋友家吃住,还可以顺便体验一下当地人的生活方式。如果这个当地人肯做导游的话就更好了——这些熟悉自己生活地的业余导游,讲解起来会更有生活气息,而不像职业导游那样只会背教科书。

这些通过朋友的交流沟通获得的旅行方案,要比旅行社提供的标准化攻略和服务更加灵活。并且,与传统意义上的上车睡觉、下车撒尿、景点拍照式旅行相比,跟新结识的朋友一起交流既为旅行增加了很多乐趣,也使游客收获了不少很难从书本上和网络上获得的知识。而对促进旅行社交的平台来说,这种交流也能加深用户之间、用户和平台之间的黏性。

当然,约伴旅行意味着和一些陌生人在陌生的地方一同旅行,这导致一些用户在约伴时,会更多地考虑安全问题,如果不能保障好用户在约伴时的安全,不能在用户间建立起信任,那这样的约伴产品用户数量一定不会多,产品的意义也就不会大。

为了增强对用户质量的把控,达客旅行把第一批种子用户锁定在了北京大学、清华大学、中国人民大学等知名高校。目前,达客旅行80％的用户都是首都各大高校的学生。

对于女生来说,安全是最重要的一环。如何尽量减少用户对约伴的担忧?除了鼓励实名制外,达客旅行还独创了一个密测功能,用户可对约伴的通讯录好友、和他一起旅行过的人发起匿名的测试,分主观和客观性提问,可以从中了解这个人的人品、旅游经验、性格特点等。

当然,旅行安全不能全靠官方来把控,用户的自我保护意识也很关键。

你与她的结伴指数为 25％

"一女一车,深圳周边自驾找伴,懂驾驶者优先。"2010 年清明小长假前,重度旅行爱好者沈沛君在网上搜深圳周边景点,不经意间看到这样一篇帖子。在茫茫"网海"中,如何才能找到一个可以同游的人呢?

沈沛君想起了自己早些年去新疆游玩的经历——由于不小心错过了旅行社的大巴,他只能自己一个人前往长途车站。在人生地不熟的异地,人会觉得特别寂寞和惶恐,他强烈地渴望能遇到一个同伴,"哪怕找到有一个能说话的人"。后来好不容易遇到了一个外地女孩,也是一个人,于是他们搭伴一起旅行。再后来,他们结婚了。

经过这件事,沈沛君敏感地察觉到旅行社交是个突破口。"一个人的社交不可能只限于公司、餐厅、咖啡厅,即使是远行,即使是在旅行的途中,依然有社交的需求。"于是他带着团队做出了一款旅行社交软件——"行者"。

"行者"的定位是帮那些有社交需求的旅行爱好者寻找旅伴。进入"行者"App,每个用户都可以发布自己的行程安排,提交自己的出发地、目的地和时间,如果双方路线匹配,软件就自动将双方匹配。

"行者"上的大部分用户均为头像真实的女性。因此如果你对系统帮你匹配的美女旅友感兴趣,便可点"关注"(跟微博一样),或直接点"聊天"跟她私聊。你还可以直接点"结伴",这样系统就会感受到你的诚意,并邀请你加入一个结伴讨论组。在这个讨论组里不仅有刚开始与你交流的那个姑娘,还有她先前已经约好的其他伙伴,甚至还有地接社导游。

对没有明确旅行目的地的用户来说,首页展示的"推荐结伴""推荐达人""推荐足迹"是一些更好的选择。

在"推荐结伴"栏目,你可以看见"8月5日福州—黄山"、"9月3日杭州—毛里求斯"、"9月6日常州—高雄"等各种需要结伴的出行计划。你如果对这些行程和旅伴感兴趣,可以点"关注"(跟微博一样)、"聊天",或是直接点"结伴"。

在"推荐达人"栏被推荐出来的达人分三种:其一,结伴达人,如用户结伴旅行次数多,就被称为"结伴达人",系统还会提示"你与她的结伴指数为25%";其二,里程达人,如果用户出行次数多、里程够,将获封"里程达人"称号;其三,粉丝达人,如用户粉丝众多,页面访问量高,那么他就是一位粉丝达人。在每个旅行达人的主页上,其全年的旅行踪迹都清晰可见,有图片、有定位,粉丝可以自由点赞和评论。

"推荐足迹"里面提到的都不是出行计划，而是用户曾经去过的地方。如果那个地方正好是你感兴趣的，你就可以跟这个"过来人"搭讪，聊着聊着，你们也许就成了朋友。

除了通过结伴找旅途中的朋友外，在"行者"上，用户还可以通过寻找当地人，解决到达目的地之后的社交需求。当地人可提供拼车、导游、客栈、摄影等多种服务。如果你就住在著名旅游城市，也可以为外来游客提供服务。

结伴而行的游客们不仅可以通过拼车节省油费，通过拼餐在开支既定的前提下多吃几道菜，还可以通过拼房来降低住宿成本。而提供服务的当地人与游客之间也不仅仅是买卖关系，他们还可以在旅行交易完成之后成为朋友。

通常情况下，旅行 App 的设计都是以景点、特色小吃、行程、酒店等为核心功能，其他功能都是辅助功能，但"行者"却是以人为出发点进行组织的，整个应用大多围绕用户的个人展示以及用户与他人的关系等社交功能展开。"行者" App 的设计，更像是一个社交网络(匹配、主页、聊天、评论、点赞)，而不是一个旅行平台。在这里，似乎旅行是为社交服务的，处于从属地位，而不是社交为旅行服务。

随着行者用户的增长，沈沛君和他的团队也在成长。原先他认为，社交或者交友的方式一定是牵手或者相伴旅行，他的想法也仅仅是帮助旅行者在旅途中认识朋友，但用户却教育沈沛君"不见面也是一种结伴"。

沈沛君分享了一个故事。"行者"上有个很活跃的美女用户，有一次她由成都进入西藏自驾游，有个同样打算自驾游的男孩在"行者"上发现了她，于是主动和她聊天。两个人在"行者"App上查看附近的人时发现两人之间的距离越来越近，然后又越来越远。男孩给女孩发私信说，"你们再往前开 200 公里就基本到中午了，那里有一个饭店，我们早上是在那里吃过(饭后)过来的"。下午男孩又发私信说，"前面再开多少公里基本就到晚上了，那里有一家宾馆，建议住那里"。男孩还不断在行者上提醒女孩，哪条路段比较危险。女孩听从了他的建议，顺利完成了自驾游。

"他们虽然曾在旅途中的某个地点相遇，但是从来没有见面。"沈沛君若有所思地说："这时我才豁然开朗，原来结伴不一定要手拉手，这个概念太狭隘了，不拉手也可以结伴，帮助和提醒亦是结伴。"

TIPS

> 1. 行者更像是一个社交网络（从主页、聊天、评论、点赞和自动匹配来看），而不是一个旅行平台。在这里，似乎旅行是为社交服务的，处于从属地位，而不是社交为旅行服务。
>
> 2. 结伴而行的游客们不仅可以通过拼车节省油费，可以通过拼餐在开支既定的前提下多吃几道菜，还可以通过拼房来降低住宿成本。而提供服务的当地人与游客之间也不仅仅是买卖关系，他们还可以在旅行交易完成之后成为朋友。

旅途中，顺便"捡个对象"带回家

我们常说，"看什么风景不重要，关键是和谁一起看风景"。现在已经有越来越多的人意识到，在旅途中认识形形色色的人要比一个人旅行能获得更多的乐趣。在号称"可以捡到对象"的旅行软件"捡人"上，那些追求个性的 90 后会觉得找旅伴显得太刻意，他们更愿意戏称旅伴是"捡来"的。

捡人网创始人许佐麟认为，在 3 亿左右的 80 后、90 后用户中，10％的用户在旅行前有结伴的需求。"进入"捡人"App 的首页，各种"求捡人"和"求被捡"的信息纷至沓来。

"8月8日，拉萨去西宁，青藏线一路玩，两男求捡两女，大7座越野。"特别强调性别的，很可能是瞄准了"捡对象"的目标来的。

"8月15日，一个人，想去西藏，有没有同行的？会开车，会摄影，会拎包或跑腿。求被捡！""会拎包"及"会摄影"，可能是男性用户在为"捡对象"做铺垫。

"8月13日去香港，在香港安安静静待个几天，想捡1～3个妹子同行。希望妹子性格比较开朗，爱拍照，有稳定收入——因为不喜欢出门太省钱——喜欢吃美食，喜欢拍照。"发帖者的头像是一个漂亮的女孩子，有男性用户在评论中："男的可以不？"发帖者回应道："男的可以，但要带上你的女性朋友。"看来，想"捡对象"也不是那么容易的。

还有一些捡人信息是以城市或地区来分组的，比如，笔者在定位到杭州后找到了1500人的杭州官方捡人群和1700人的杭州人结伴出行群，有的群曾发布过这样一些捡人需求：

● 8月7日杭州出发自驾去甘肃环线的有没有？雷克萨斯混合动力小车，现一男一女，再捡两人。

● 8月2日左右有没有从云南到杭州的？

● 本人广东的，7月18日到杭州游玩，有一起的吗？

用户在查看到别人发的捡人信息后如果有同行的意愿，可以直接在该条信息下留言，也可以发私信联系。如果没有找到合适的同伴，也可以自己发一条捡人信息，信息同样要写清楚自己的出行路线、时间、是否自驾、是否要拼车或拼房、车辆状况、穷游还是富游、对对方的要求（性别，是否需要摄影）等。

为了防止被不喜欢的人骚扰，捡人网还上线了一项拉黑名单的功能。

与在旅行前的捡人需求相比，旅途中和到达目的地之后的捡人需求更旺盛。

由于"40％的游客在旅行中有社交需求"，所以捡人网上线了"附近"功能，让用户在旅行途中可以查看附近的捡人信息和小伙伴。用户打开"附近"就能直接进入这个目的地群组，周边一定范围内的人都能进来一起讨论。这个功能有点类似于穷游的"身边人"。

许佐麟说："60％的游客到了当地，都需要当地人的服务，如找导游、找翻译、找司机、找民宿、找包车等。"在一条"8 月份哪个伙伴去杭州西湖旅游可以私聊我微信"的帖子下面，有这样几条回复："我在雷峰塔下等你""我在断桥等你""我今天回杭州，可以带你"。

针对这一点，捡人网还上线了"当地人"功能，并打算做分享经济，让"捡人"App 内的用户更加方便地把自己的房子、车子、时间分享给游客。具有当地人标志的用户是通过实名认证的，面向的用户是当地居民或当地商家，未来或许会为用户购买目的地产品添加入口。

"捡人"还打算新增群组功能和视频功能。群组功能给每一个目的地的每一个旅游景点、每一个热门商圈都配上了群组，"游客到了目的地，定位成功之后就可以自动入群，在群里捡人"。视频功能则鼓励大家发视频来捡人，更鼓励用户通过视频分享自己的房子、车子，这样做"能让游客眼见为实，视频能让游客更信任对方"。

自驾游用户捡个同伴跟自己拼车，其实跟滴滴顺风车相似，是为了节省油费，往往同时也拼出了新朋友。"在顺路带别人出行的时候，有时候真的会忘记这是一次金钱交易，而沉浸在两个人愉快聊天度过的一段路程中。"

司机和乘客在共享的过程中相互了解和认识，打车与载客成了一种认识陌生人的方式。甚至有的人顺路载客的动机就是"找个人唠嗑"，因为一个人的行程会比较单调乏味，而有个人在副驾上陪着聊聊天，则会让行程不再那么无聊。

跟"行者"上的用户多为女性不同的是，"捡人"上的单身男性似乎更多一些。不知有没有数据统计过，这些单身人士约伴的成功率有多高，但从他们时不时会发出"求捡个妹子"或"求被捡"的信息来看，在"捡人"上，捡个对象带回家或许也是旅行的重要目标。

📎**TIPS**

　　通过跟"捡来"的朋友"拼吃"，游客每顿饭可以多点几个菜，吃得更丰盛一些；通过"捡"个摄影师，解决了一个人旅行时没有人帮忙拍照的问题；通过"捡"个当地人做导游，可以省下做攻略的精力和时间，不怕迷路、不怕被坑，还能吃到正宗的当地美食，让旅行更加丰富。在旅途中交到合适的朋友，其意义甚至已经超过了旅行本身。

当地人的照顾及旅途中的家

　　为了体验旅行目的地的风土人情，很多游客都希望能住在当地人家里，但在民宿出现之前，这几乎是一个奢望。民宿的出现，让人们在旅途中找到了家的感觉，旅客跟民宿主人之间不再只是拼住的生意关系，还可以以朋友的身份相处。

　　在移动互联网时代，民宿主要通过爱彼迎（Airbnb）、途家、小猪短租等O2O平台运营。从严格意义上说，爱彼迎和小猪短租这种共享经济平台并不算社交旅行平台，但因为它们为旅行提供了增值服务，并且在营业的过程中也产生了实际的社交行为，所以我们也将它们放在"社交＋旅行"的章节中讨论。

　　爱彼迎的诞生，并非基于什么伟大的抱负，仅仅只是"生活所迫"。

　　那是2007年的深秋，刚从罗德岛设计学院（Rhode Island School of Design, RISD）毕业不久的美国小伙子布莱恩·切斯基（Brian Chesky）跟朋友乔·吉比亚（Joe Gebbia）在旧金山创业失败后，迟迟找不到工作。在最穷的时候，他俩连房租都交不起（当时旧金山的房屋租金是1200美元，可他们身上只有不到1000

美元了），险些露宿街头。有一天，俩人心灰意冷，只好借酒消愁。酒过三巡，布莱恩说："要是有人帮咱付房租就好了！"两个人一愣，随即一拍大腿：对呀，找人来交房租呀。

那时候旧金山城里正在举办一个为期4天的大型商品展览会，很多慕名而来的参展商和游客都找不到称心的旅馆。于是布莱恩和乔便决定把客厅腾出来，放张气垫床给游客住，还给他们准备了早餐，然后再用游客交的住宿费来交房租。

说干就干，乔从壁橱里拉出了几个被束之高阁的充气床垫，布莱恩在当地网站上发出了招租广告。就在那个周末，三个前来参展的年轻人成功入住他们的客厅，他们这个月的房租终于有了着落。这就是如今被称为共享经济鼻祖的爱彼迎最初的雏形，公司全称也正是"Air bed and breakfast"（气垫床和早餐）的缩写。就这样，布莱恩和乔创立了爱彼迎。

在将床位共享的过程中，布莱恩有了新的收获。"在平日真实的世界里，你通常是无法很快了解一个人的，而要想与其他人建立长期稳固的关系则需要花费更长的时间。但通过让其他陌生人到你家同吃同住的方式，几天时间就能建立起一段深厚的友情。那三个客人里，有一位后来邀请我们去参加他的婚礼，还有一位因为那次旅程改变了他一生的职业发展方向。"

爱彼迎是一款带有社交性质的软件。你住进去之后，房东会带你去全城最地道的餐厅和只有本地人知道的景点，这一定是很有趣的体验。这些房东的解说往往比导游还绘声绘色。其实，有的利用爱彼迎订房的人的主要动机就是想在旅行地获得当地人的照顾，希望能融入当地人的生活。

愿意让陌生人住自己的房间、在自己家里吃饭，这一切都依赖于一个最基础的条件：信任。

当今社会信任危机愈演愈烈。来自不同年龄阶段的人群，尤其是年轻消费者对目前的商业组织的信任度越来越低。不少人对大商家印象不佳，但当他们在爱彼迎上看到一个与自己有相同爱好的房东时，信任感就比较容易产生。

爱彼迎曾经做过的一次调查，人们在选择租房的时候会选择那个跟自己有共同爱好的房东所提供的房子。这个发现很有趣，平台让人们相互连接，兴趣与爱好更是给这个连接加了一把锁。

调查还发现，使用爱彼迎服务的游客明显比普通酒店的旅客在当地逗留的时间长，旅游消费额也更高——因为体验更好，使用爱彼迎的用户拉动了整个城市经济的发展。

爱彼迎的中国版就是途家和小猪短租。

途家，意思就是"旅途中的家"。而小猪短租的广告词中也充满了"在'小猪'发现当地'美好人家'""旅行在故乡，因为一个家，许下去那里的愿望""萍水相逢，也能温柔相待"这样的句子。

房东精心布置的房间让租客产生宾至如归的感觉，而房东也会在同住时给予租客无微不至的关怀。租客临走时，诚心满满的致谢能给房东带来巨大的驱动力。两个本是天涯陌路的人，因为一个平台而产生了关联。民宿是更有家庭氛围且更有人情味的住宿选择。

小猪短租的一位房东在网上发帖子说："这几年很多时候都是与小猪房客相伴。每一间房从装修到布置，再到接待房客，都是我与先生亲力亲为的。我们一直想提供一个温馨舒适的家给大家，希望我们能成为彼此的朋友。我喜欢小猪的房客，每次见到他们就如同见到亲人一般，我们彼此之间有一种无言的信任与默契。回忆里有太多与房客相处的温馨画面了，有时会像想起故友般回忆着，有时我们还会依依不舍。"

小猪短租副总裁潘采夫曾说，他加入小猪短租后，发现共享经济有一个有趣的魅力——人与人会在其中产生奇妙的连接。于是他开始沉迷于此，努力去寻找这种连接。

　　在传统的商业模式下，产品或服务的提供者与使用者之间就是纯粹的、冷冰冰的生意关系，哪怕私下里关系再好，一旦到了交易场合，双方都会形成一个清晰的界限，知道他是销售者，我是顾客。但在共享经济中，因为生产者是业余的，很多时候生产者同时也是一名普通的消费者。因此，即便是到了跟对方做交易的时候，他也不大可能把自己当成一个生意人，甚至会忘记这是一次交易。

TIPS

> 　　共享经济建立了一种新的消费关系，即生产者和消费者之间不再仅仅是简单的生意关系，而是存在着一种情感连接。如爱彼迎是租房软件，但又具有社交属性，房东会带游客去全城最地道的餐厅用餐，去只有本地人知道的景点游玩，这一定是很有趣的体验。这些房东的解说往往比导游还绘声绘色。其实，有些利用爱彼迎订房的人的主要动机就是想在旅行地获得当地人的照顾，希望能融入当地人的生活。

第九章

餐饮+社交： 吃吃喝喝，中国人最重要的社交货币

❖ 那些成功的餐饮企业无一不是牢牢握紧社交这个抓手,用环境、器具、人员、产品等花式刺激消费者的社交行为,让餐厅和食客产生关联和互动,透过食客们的社交动作,强化食客体验,并与餐厅建立情感连接,进而吸引到食客圈子里更多的人。

❖ 在餐饮社交中,一定要凸显主次,即交友或"炫秀晒"是本质性需求,美食只是连接性需求,如此才能从根本上实现对饮食业的颠覆。

❖ 对消费者来说,能提升格调的消费品都可以成为社交货币。

没有社交的餐厅是没有灵魂的

前些年,如果身边有亲友想创业但又找不到合适的项目,我们很容易建议他们去做餐饮。因为在我们的潜意识里,餐饮行业专业性不强、门槛低,即使没有深厚的经验也可以做起来。然而事实是,仅 2016 年,餐饮行业的倒闭率就高达 70%。

移动互联网时代的玩法变了,餐厅仅仅靠好吃已经很难火起来了,那些新创餐饮企业往往是依靠极强的创意和娱乐性才能够在竞争残酷的市场上占得一席之地。如果能在你的餐饮中植入社交基因,做起生意来一定事半功倍。

几百年前，西方传教士利玛窦在记录他中国见闻的《利玛窦札记》中这样形容中国人：对中国人来说，吃饭是友谊的最高表达形式。是的，对中国人来说，在大部分时候，吃饭都不仅仅是吃饭，更是一种社交。社交是目的，吃饭只是手段。在如今这个大家都不愁吃、不愁穿的时代里尤其如此。

以前，请客吃饭都要在线下面对面完成，如果双方的时间无法凑在一起，那饭局便组不起来，但有了微信礼品卡，这一切就变得容易多了。

星巴克、麦当劳相继推出了微信礼品卡，粉丝可以远程请朋友喝咖啡、吃鸡腿——在星巴克和麦当劳的微信公众号上购买礼品卡送给朋友，朋友可以自行在附近的线下门店里兑换实物。如果这位收到礼品卡的朋友并不是星巴克或麦当劳的粉丝，在收到礼品卡之后，也有可能成为新粉丝。所以，礼品卡不仅帮助星巴克和麦当劳增加了销量，也让拉动新客户变得更加容易。

社交让产品和营销有了温度和情感。情感在交流中产生动能，有利于深度挖掘用户价值，提升用户的平台黏性，大幅度提高转化率。

那些成功的餐饮企业无一不是牢牢握紧社交这个抓手，用环境、器具、人员、产品等花式刺激消费者的社交行为，让餐厅和食客产生关联、互动，透过食客们的社交动作，强化食客体验，并与餐厅建立情感连接，进而吸引到食客圈子里更多的人。

深圳的胡桃里音乐餐厅凭借羽泉音乐人的名气，聚集了很多音乐匠人，签约、打造了很多优秀歌手，把餐厅做到了音乐文化产业。餐厅里的演出、菜品都是以歌曲形式呈现的，并且打出了"用美食治愈寂寞，用音乐疗伤耳朵"的产品情感连接口号。同时，餐厅装修成了酒吧风格，打造了一个很好的社交对话场所。

这种将产品情感化的运作方式在特定场景下可以唤起更多人对品牌的情感认知，让顾客感受到他们来餐厅购买的不仅仅是一份美食，更是这里的服务和在这里度过的美好时光。

　　传统餐饮的产品研发、品牌定位都是掌握在餐饮商家手里的，但在移动互联网时代，一些经营咖啡、甜品这样富有情感属性的餐饮企业为了加强与客户的情感联系，纷纷让消费者参与到产品的制作过程当中来。比如收集顾客对于新菜品的命名，并且评选出最佳命名，给命名被选中的顾客以奖励。

　　让顾客参与餐厅的某些经营环节，能满足他们内心被尊重、被认可的心理需求，因此他们可能会对餐厅更加忠诚；并且因为产生了自豪感——"这是我自己参与设计的"，自发参与宣传推广的动力也会强很多。

　　很多餐厅为了吸引新顾客，都举办了这样的活动：顾客只要拍摄店面或菜品的照片发到微信朋友圈，就能被赠送饮料或小菜。但这种做法比较初级，参与者通常也很被动，宣传效果一般。现在一些有互联网基因的餐厅却能诱导食客迫不及待地发朋友圈宣传。

　　2016 年夏秋之交，柬埔寨有一家名叫 Eight Boat Noodle 的面馆，该面馆每碗面的价格是 0.5 美元，却只有一口面、一块肉、一个丸子和一点蔬菜，许多人要吃 8 碗面才能饱。在异常发达的移动网络的牵引下，吃完饭后旁边摆着一大堆碗的食客们无一例外地主动拍照，并将照片上传至各种社交平台上，等待朋友们的各种点赞、评论与转发。在互动的过程中，一定有很多人会问"怎么吃这么多碗""真的好吃吗""店面在哪儿"一类的问题。自然地，越来越多的人被吸引过来，想要尝尝这碗面。因此，这家店虽然只有 30 平方米，从装修到开业不到三个星期就在网络上走红，座无虚席。

　　位于成都的味蜀吾餐厅推出了"摇滚三国"人物形象，摇滚三国里面的四个人物形象分别是以三国人物张飞、关羽、刘备、诸葛亮为原型延伸出来的 Ben 张、Tom 关、Beer 刘、诸葛靓。形象设计师给四位三国人物赋予了摇滚的元素：张飞打着架子鼓，刘备弹着吉他，关羽成了一个贝斯手，而诸葛亮摇身一变成为一位身材火辣、美丽性感的女歌手。这样的人物搭配完全颠覆了人们对古代三国人物的固有印象，让这些三国名人变得更加有趣，有血有肉，充满灵气，很容易让顾客主动关注并发照片到微信朋友圈。

味蜀吾还把这四个人物做成玩偶、手机壳等餐厅周边产品。这些产品可以通过店面活动或用餐积分等方式兑换，顾客用了就自然成了味蜀吾的品牌代言人。

味蜀吾和 Eight Boat Noodle 共同的成功秘诀就是帮助食客创造了能吸引他人关注并引发多级分享的社交货币。之所以有"社交货币"的说法，是因为这类内容在社交过程中会成为发布者的加分项，别人会觉得内容发布者是个有趣的人。

在餐饮社交中，一定要凸显主次，即交友或"炫秀晒"是本质性需求，美食只是连接性需求，如此才能从根本上实现对饮食业的颠覆。

烤羊肉串的如何抢陌陌的生意

在普通人的印象里，"低端"是羊肉串抹不去的标签。但在北京，有一家叫"很久以前"的羊肉串店，用互联网＋羊肉串的玩法，做出了近 50 家连锁店，积累了 200 万粉丝，公司的估值也超过了 10 亿元。

说到互联网＋餐饮，很多人会首先想到网上点餐系统和外卖，这些针对的基本上都是低端市场。让人想不到的是，这家只在晚上才营业的羊肉串店，曾经做过一段社交的生意，把陌陌做不到的事情给做成了。

"很久以前"的创始人宋吉说，没有社交属性的餐厅就是一间没有灵魂的餐厅。于是他发明了"约撸"这种模式。所谓"约撸"，就是陌生人约在一起撸串。

在"很久以前"店里，经常会有这桌的"土豪"为那桌的美女付款的现象，吃着吃着，两桌人就一起走了。"但很多人有贼心没贼胆，当面约怕被拒绝。"宋吉敏锐地意识到这是个机会，于是他在"很久以前"的微信公众号上推出了"约撸"这个社交神器。

"约撸"功能可以精准定位这个店里的其他顾客，并显示诸如"花家地店，5人正等待约撸"等字样。有了"约撸"，顾客在微信端就可以进行陌生人社交，因为是在线上，也不怕被拒绝了没面子。"如果双方都同意，那么便可以展开一场浪漫的邂逅；若是一方拒绝，现实中并未见面，也并不尴尬。"

对那些渴求结交异性的男女来说，这种微信公众号的"约撸"功能要比陌陌的交友功能靠谱得多。在陌陌上，很多用户既不好意思张口，也不会找到其他共同语言来搭讪，这导致双方的关系很难破冰，交往很难真正继续下去。而在"约撸"上，无论男女都更能放得开一些。

通过强化这种社交属性，"很久以前"的顾客的黏性非常强。在 2014 年，它有 70 万粉丝，到了 2015 年年底，粉丝数达到了 150 万。

虽然"很久以前"的负责人一再强调，"约撸"是"把价值观相似的人撮合在一起"，但从微信公众号看，约撸主要是将有陌生人社交需求的用户匹配到一起。匹配的依据是什么呢？每个人都给自己定价，你给自己定价 1000 元，那么能出得起这个价的人就有资格约你聊天，那些出不起价的人则自动离开。"很久以前"首席品牌官(Chief Brand Officer, CBO)杨庆亮认为，这个价格匹配机制是让每个参与者给自己擅长的话题定价。

虽然后来"很久以前"的微信公众号停止了"约撸"功能，但不得不说，这一功能帮助"很久以前"实现了创业初期的快速扩张并赚到了第一桶金。

如今，"很久以前"的调性已经确立，用户定位也已基本清晰，通过在店里面对面建群，用户仍然可以在群里抢红包、拼桌，然后再私下约会。所以在"约撸"功能停止后，已建立的粉丝黏性并没有受到太大影响。

在开店上，宋吉也有绝招。许多餐饮店老板在新店开张的时候，都会连续几天打折，但宋吉的招数是让客户帮着招徕客户。

在2014年，"很久以前"在北京五环以外的天通苑开了一家店。那时候其微信公众号已经有70万粉丝了，宋吉想，如果每天能来1%的粉丝，那我的店也爆满了。于是，"很久以前"就给这些微信会员发放了价值78元的酒炮券。

但从市区开车到这个地方，燃油成本至少得100块钱，很多顾客可能不会来。这怎么办呢？他来不了，如果把券送给他的朋友，他的朋友总可以来了吧？宋吉说，根据哈佛大学提出的六度空间理论，每个人只要通过5到6个关系，就有机会联系上世界上的任何人。所以"很久以前"就号召粉丝们将酒炮券层层转赠，经过5~6轮转赠，应该可以到达天通苑附近的人手上了。

这次活动还置了一个大奖，奖品是iPhone 6手机。结果参与的人有1万多人，最后有1000多人到店。"很久以前"的人均消费大约是249元/人，这1000人的总消费金额大概是25万元。开店一周，店里天天排队，人气起来了，这个店一下子就火了。

为什么这样的营销花费很低，但效果却很好呢？宋吉解释道："第一批收到优惠券代金券的用户一般都去过'很久以前'，至少是了解'很久以前'，那他的脑海里一定会先过滤，谁会喜欢'很久以前'的风格。在他把优惠券送给朋友的时候，他已经在脑中过滤一遍了，所以也就帮我们找到了目标客户。"

后来"很久以前"开设多家分店也证明了转赠给朋友这一招屡试不爽。宋吉自信地说："无论我们的店开到哪里，即使是西藏，我们都能不发一张传单，不用做任何广告，就可以让店面（的顾客）排队。"

TIPS

1. 将用户精准定位为耐不住寂寞的青年男女，并将一起"撸串"变成他们相识的场景，这是"很久以前"成功的关键。与陌陌那种简单粗暴的陌生人社交相比，在"很久以前"羊肉串店，社交是发生在"撸串"这个特定场景中的。

2. 用酒炮券撬动起用户自己的社交链，发动顾客帮自己找顾客，从而节省巨额的广告费。这是社交带来自传播的绝佳案例。

不用见面，也能请朋友喝星巴克

很多人都注意到在微信的卡包功能下，有一项功能叫"朋友的优惠券"，这里有携程、去哪儿、安居客等各个商家派送出的优惠券，优惠金额少则 5 元、20 元，多则 200 元、300 元，但实际上却很少有用户会真正动用这些优惠券，在大部分情况下，它们都被浪费掉了。

为什么这些优惠券容易被闲置呢？

首先，这些优惠券的使用都是有条件的，比如你在某商家那里消费了 20 元，但并不能直接用一张 20 元的优惠券来支付，必须在达到一定消费额度之后才能使用。所以理性的消费者并不会为了占便宜来消费。而等到他真正有需求要拿优惠券抵扣的时候才发现，优惠券已经过期了。这几乎是隐藏在所有优惠券中的奥秘。

其次，这些优惠券虽然来自朋友(如用户 A)，但用户 B 却很难感受到这是朋友送的。因为 A 并没有特意送一张优惠券给 B，他只是在某次消费后得到了某张优惠券，该优惠券随后又被系统随机分配给 B。也就是说，A 并没有为这张优惠券付过钱。当这张优惠券被当作顺水人情送给 B，并且还是随机送出时候，B

并不能感受到 A 的诚意。

　　微信官方可能也意识到这个"朋友的优惠券"功能不够合理，所以微信又面向星巴克、喜茶、麦当劳等餐饮企业率先推出了升级版的礼品券。

　　2017 年春节过后，不少人的朋友圈都被一杯咖啡刷屏了，这正是星巴克联合微信推出的"用星说"全新社交送礼玩法，即用户可以直接在微信上购买一杯咖啡并附带上文字、图片或者视频祝福送给微信好友，微信礼品卡功能由此正式诞生。

　　在星巴克中国微信公众号中，找到关联小程序"用星说"，用户可便选择请朋友们喝咖啡，在送出饮品的同时，也可以选择星礼卡表达自己的心意。当用户购买卡片并赠送微信朋友的同时，附带的祝福语、图片、视频等心意素材是可以自由发挥的。这种一对一的体验有点类似于微信红包，但形式更多样。

　　值得注意的是，与"朋友的优惠券"只是顺水人情不同，礼品券是需要用户拿出真金白银来购买的，并且收到礼品券的朋友可以直接拿着它去兑换咖啡、月饼等，无须再花钱。这让送礼的人感到体面，而收礼的人则更感激、更舒服。

　　再加上"用星说"上面的礼品卡使用期长达三年，所以消费者在买的时候也就没了后顾之忧。

　　"送你一杯咖啡/送你一份浪漫双人烛光晚餐，一起去约会吧！"这样从线上场景向线下场景的过渡可谓是一气呵成，所以这种线上送礼、线下使用的礼品体验，必然能够加强用户与用户之间的互动、实现用户和品牌的连接，也能缩短用户和门店的距离。

　　2017 年 7 月 11 日，微信礼品卡再次升级，推出群礼包玩法。使用星巴克中国官方小程序"星巴克用星说"和麦当劳官方小程序"i 麦当劳"可以率先体验。

　　为了方便粉丝向朋友表情达意，活跃群组气氛，此次麦当劳特别邀请当红的小崽子剧场为微信礼品卡创作 12 张萌趣卡，例如"那么大红包""朕赏你的""给你打鸡血"等。点击"那么大红包"，你将看到有 2 张礼品卡上写着"这么大红包，一般人我不送""我这么慷慨,送你这么大红包"。所谓的大红包,就是5～20元的薯条、鸡翅、鸡排等,虽然价格不高,但相对于普通的微信红包,确实算得上很慷慨了。

麦当劳微信礼品卡1.0版的主题是"送美食,表心意",这次的2.0版则是"送礼包,大家抢"。"送礼包,大家抢",采用类似微信"发红包"一样的玩法。无论是饮品还是星礼卡,用户在选购时都可以选择多种、多份礼品卡组成礼包,直接分享到群组。

相比一对一的玩法,群礼包玩法添加了更多的互动功能和趣味性:受赠者不知道自己会抢到什么,抢到后的商品兑换卡或储值卡都可直接使用;多张礼品卡同时赠送,可以更方便地向多个微信朋友表情达意,也能起到类似微信红包的作用——送达多倍祝福、活跃群组气氛。分享不仅是一对多的,甚至可以呈网状传递。

微信的礼品卡功能目前还在测试中,仅有个别商家可以体验,等时机成熟的时候,将有更多的餐饮企业接入这一功能。现在常常是朋友嘴上说"改天请你吃饭",然后却以时间安排不过来为由放我们"鸽子";也许在不久的将来,即使他时间安排不过来,也依然可以通过微信礼品卡兑现"请你吃饭"的诺言了。

TIPS

1. 转发平台派送的免费优惠券,往往显得不实用又寒酸,而拿出真金白银买礼品券送朋友,就显得诚意十足了。送礼的人感到体面,而收礼的人则更感激、更舒服。

2. 在本质上,电子礼品卡实际上就是月饼券的线上化,但发给微信好友及群礼包功能又使得它比赠送普通的月饼券要便利得多。星巴克、麦当劳的礼品卡和月饼券的区别就犹如新媒体与传统媒体的区别,最根本之处不在于介质,而在于可分享和易传播。

"丧茶"赢得顾客奔走相告

有一次跟几个年轻的同事一起吃饭，有人说："昨天，咱们办公室的×老师，一杯星巴克的咖啡喝了一整天。咖啡喝完后，又连续加了三次水，连杯子里面残留的渣渣也不放过。"我说："星巴克的咖啡定价高，主要是因为'场地使用费'比较贵，应该在店里面喝才'不亏'。拿出来喝，性价比就太低了。"然后，那位年轻同事又补充了一句："在里面喝，谁知道她今天喝星巴克了？"

原来把星巴克咖啡带到办公室喝还有这层意思。星巴克本是平民消费品，但到了中国却成为格调的象征了。

对消费者来说，能提升格调的消费品，都可以被称为社交货币。所谓社交货币，就是指这样的消费能让消费者获得物质上、精神上或道德上的优越感，因此更加有动力在社交圈子里"炫秀晒"。

当然，社交货币并不限于彰显格调，能否增加谈资也很重要。那些新奇的、让人重塑"三观"的玩意最容易成为谈资，继而实现病毒式扩散。在 2017 年上半年的餐饮界，"丧茶"是一个绝佳的范本。

在网红"喜茶"奶茶店刷爆社交网络的同时，一位名为"养乐多男孩洸洸"的网友在 2017 年 3 月 25 日发了一条微博称：

想在喜茶对面开一家丧茶，主打一事无成奶绿、碌碌无为红茶、依旧单身绿茶、想死没勇气玛奇朵、没钱整容奶昔、瘦不下去果茶、前男友越活越好奶茶、加班到死也没钱咖啡、公司都是比你年轻的女大学生果汁。叫号看缘分，口味分微苦、中苦和大苦。

"养乐多男孩洸洸"的这条微博被"饿了么"品牌总监邬宋钱看到了，恰好那段时间饿了么团队也有类似的想法，所以他们当即决定开一间"丧茶"店。4 月 28 日，由饿了么和网易新闻联合策划的中国首家丧茶店在上海浦东区近铁城市广场开业。

正如其名，丧茶推出的 6 款饮品取名都非常"丧"——你不是一无所有你还有病啊乌龙茶、你的人生就是个乌龙玛奇朵、加油你是最胖的红茶拿铁、加班不止加薪无望奶茶、前男友过得比我好红茶、爱上一匹野马头上一片草原奶绿——并且每款饮料名称后面都有一句文案。卖得最好的两款产品——你的人生就是个乌龙玛奇朵配的文案是"多努力都难分胜负的人生球场，好希望中场休息时能有碗热汤"，加油你是最胖的红茶拿铁配的文案是"时常担心被人误会不求上进，好在体重显示我一直有在努力"。

丧茶店内的装饰也处处彰显出消极阴暗的一面。这里的电视一天 24 小时都在播放让人生无可恋的电影，比如小镇被尽屠只剩一条狗的《狗镇》，小女孩诬陷成年人性侵的丹麦电影《狩猎》，还有《熔炉》《杀人回忆》等。等看完了这些电影，可能你都要开始怀疑人生了。不仅如此，店里的每一位员工都是"扑克脸"，绝不会对你微笑。

开业当日，丧茶门口顾客络绎不绝，据说最前面的顾客已经排了近两个小时。等候的人已经连成了好几个 U 形，仿佛是北京上下班高峰期的地铁站。据在现场的记者估算，排队的至少有 500 人。

据悉，开业当天由于排队人数较多，店家还宣布每人限购两杯。而且因为原料准备不足，丧茶在当天 12 到 14 点暂停了营业，加紧补货之后才重新开业。

根据邬宋钱的说法，这次传播首先由网易新闻和上海本地的一些美食号引爆，但绝大部分流量都是由网友包括很多"大 V"自发传播带来的。通过微博搜关键词"丧茶"，比较早发布相关消息的微博下面的回复都有近万条。

同年 7 月，丧茶在北京的门店开张了。该门店面积很小，估计不足 10 平方米，只能同时容纳 2～3 名顾客。尽管有部分顾客向记者透露丧茶口感一般，但仍不乏路过的消费者停留拍照或购买，点单队伍经常排到店外。大部分顾客表示，是菜单上新奇的名称吸引他们尝试。

针对不少消费者吐槽茶饮口味差的问题，丧茶运营部门负责人坦言，"混吃等死奶绿"等部分饮品确实不好喝，其略微苦涩的口感是公司有意设计的，饮品无论从名称还是口味都表达出混吃等死的状态，使消费者更有情境感地体验到那种心境。

该负责人表示，现在年轻人普遍压力大，很多负面情绪缺少宣泄的空间，丧茶从名称到口感都充满沮丧感，容易触发消费者的不满情绪，将压力释放到对茶饮的抱怨上。所以，尽管混吃等死奶绿已在菜单上标注了很难喝，销量却依然是最好的。

饿了么方面也表示，饿了么把"丧茶"定义为一家"快闪店"①，它不是以盈利为目的，而是从现代年轻人在社会生活中的精神状态作为切入点，希望能给他们一个抒发情感和宣泄压力的出口。

邬宋钱解释说，"丧茶"本身是契合当下时代年轻人的精神状态的，他们面对很大的社会压力，嘴上喊着"丧"，实际上都在卖力工作，挣扎于"眼前的苟且"。这次丧茶的主题是"小确丧"，力求把正能量的品牌内容包装成负能量的样子，实际上想传递的是一份对于美食和生活的正面态度："世界充满恶意，让美食治愈小确丧。"

此前"西少爷肉夹馍"的火爆营销，也跟"丧茶"有相似之处。《我为什么要辞职去卖肉夹馍》击中了一部分人的痛点："看着夜色下来来往往的人群，我想起自己北漂这三年没日没夜地加班，想起每天和 100 万人挤 13 号线的毫无存在感，

---

① 快闪店（Pop—up shop），是指在商业发达地区设置的临时性铺位，在短期内销售一些商品，随即又消失不见。——编者注

想起五道口成为宇宙中心那天我却为了省钱被迫搬到昌平租房的酸楚。我想，那些都是我逝去的青春……"

"西少爷肉夹馍"刷屏不是因为肉夹馍好吃，而是文案中强调如何努力付出去开这家店，通过"卖惨"获得大家关注。即使有人复制西少爷肉夹馍的配方、口味、环境、营销活动等，但是复制不了品牌故事。毕竟宇宙"中心的"五道口只有一个。

对"丧茶"这样容易引起评论的餐饮企业，很多人买来后的第一反应并不是赶紧喝，而是拍照发朋友圈或微博。因为那些"丧茶"饮品虽然是"高级黑"，但却极富幽默感、极有特色，这样的东西发出去，很容易让人觉得你是个有意思的人。

第一批光临"丧茶"店的人积极地抢着拍照上传至网上，等待朋友们的点赞、评论与转发。在互动的过程中，一定有很多人要问"这家店在哪儿"之类的问题。自然地，就会有越来越多的人被吸引过来。用这种方式为顾客创造可供炫耀的社交货币，实在是高明。

帮助顾客创造能吸引他人关注并引发多级分享的社交货币，正是"丧茶"成功的秘诀。给顾客创造了可供炫耀的社交货币，这比有些餐馆鼓励顾客发图片到微信朋友圈，发了后凭截图领一点奖品的做法高明太多了。

创造社交货币，这个思路很值得其他餐饮企业借鉴。如果你的产品能帮顾客创造出社交货币，让顾客愿意主动分享，分享后他的朋友也都乐意帮他转发，还觉得有意思，那想不火都难。

TIPS

社交货币并不限于彰显格调，能否增加谈资也很重要。那些新奇到能够让人"三观"尽毁的事物最容易成为谈资，继而实现病毒式扩散。

第十章

招聘+社交：先交朋友，再找工作

❖ 在"领英"和"脉脉"这样的职场社交平台上,大家可能是玩着玩着就顺便把招聘求职的问题给解决了。一个是社交平台上夹杂一点招聘信息,无论对信息的发布者还是消费者来说,都没有什么时间上的负担,如果偶然碰到了合适的工作,就谈谈;碰不到的话就算了,不用专门去"海投"或"海选"。

❖ 一般来说,真正的精英并不常上招聘网站。对那些想挖人的企业来说,这并不是一件好事。社交招聘的一大好处便是,可以将那些原本没有跳槽计划,"但如果有更好的机会我也愿意尝试一下"的人给打捞起来。

玩着玩着,就把朋友变成了自己的员工

笔者曾经和一位公司老板一起用餐。在吃饭的过程中,他表示自己公司正在招一个首席记者,问笔者有没有兴趣加入。求职或招聘不是应该发生在人才市场或招聘网站上吗,怎么发生在餐桌上了?餐桌不是个社交场合吗,怎么变成招聘场所了?

对那些精明的创业者来说,招聘是一件随时随地都可以进行的事情。两年

前滴滴快车刚火起来的时候，据说很多顺风车司机并不是为了赚钱，只是为了无聊旅途能有人陪伴。还有的司机自己是大老板，载客只是为了看看能不能在聊天的过程中遇到可以挖来的新员工。

即便是在线上，求职招聘与社交之间的界限也越来越模糊了。

在移动互联网时代，公司的创业者把社交与招聘紧紧地嫁接在一起，这与传统招聘渠道的种种痛点有关。

之前，很多在"前程无忧"或"智联招聘"上找工作的求职者都没有明确的目标，他们只是搜索出大概的岗位和区域，便点击按钮"一键投递"，将自己的简历投递给所有检索出的企业。但是由于一次投递太多，自己究竟投了哪个公司的哪个岗位，可能并没有清晰的概念。结果过几天 HR 打电话通知他去面试的时候，他甚至不能准确记住公司名称及具体信息，还得去投递记录里面查了才能搞清楚。

在求职者"海投"简历的同时，用人单位的 HR 也在"海选"简历。可以说，挑选简历几乎占用了 HR 最多的时间。浪费了那么多时间，效果如何呢？我们都知道，很多求职者在投简历的时候为了追求效率，并没有特别用心，对双方的匹配度并不高，所以，HR 在费了很大心思之后招进来的也可能是一个不完全称职的人。

但在"领英"和"脉脉"这样的职场社交平台上，大家可能是玩着玩着就顺便把招聘求职的问题给解决了。在社交平台上夹杂一点招聘信息，无论对信息的发布者还是信息的消费者来说，都没有什么时间上的负担，如果偶然碰到了合适的工作，就谈谈；碰不到的话就算了，不用专门去"海投"或"海选"。

找工作就像谈恋爱一样，偶遇的浪漫要比刻意为之的相亲让人轻松得多。

一般来说，真正的精英并不常上招聘网站，但他们却有在"领英"和"脉脉"这样的职场社交平台上结交人脉的需求。虽然他们没有换工作的念头，但如果偶然碰见了更好的工作机会,也愿意尝试一下。这部分人也正是"领英"这样的职场社交平台要服务的重点对象。

有些普通人才也想换工作,但因为行动力不足而没有主动去招聘网站寻找,他们同样很容易受到夹杂在社交网络上的招聘信息的影响。

与"领英"和"脉脉"不同,另一个社交招聘平台"仟寻"更是连 App 都没有,它的招聘信息全部发在微信公众号上。在"仟寻"的创始人看来,用户对微信公众号的使用频次更高,消息被分享后也能让更多的人看到,所以在微信公众号上做招聘能够覆盖到更多的人。

"仟寻"跟"脉脉"有一个共同点就是,那些原本没有跳槽打算的人,无意间看到朋友推荐或分享的招聘信息后可能会试一试——据说这部分人占到全部在岗者总数的 80％左右。

在传统的招聘渠道下,求职者与企业之间很难直接搭上话。往往是求职者的简历投出去之后就没有"然后"了。而用人单位也不知道自己需要找的人究竟在哪里。

一方面是求职者觉得用人单位神秘莫测、高不可攀;另一方面是用人单位因为招不到人而导致很多工作无法展开。

但"智联卓聘"和"Boss 直聘"上面的"聊一聊"功能则让这一切变得容易了许多。通过聊一聊,求职者可以变相督促用人单位负责人给自己一个明确的答复;而用人单位在筛选过求职者简历之后,也可能主动与求职者沟通——也就是说,优秀的人才即使不去主动出击,也可能"被搭讪"。在以前,这是不可能的。

在 App 上达成初步意向后,双方可能会交换微信或手机号,转移战场做更深入的交流,甚至直接约定面试。由于双方在聊一聊环节上已经基本把不符合自己口味的应聘者或雇主淘汰掉了,因此面试通过率要比传统渠道高得多。

反观传统招聘渠道,因为没有聊一聊环节,HR 往往只能大概看过求职者的简历之后就决定是否通知应聘者来面试。结果因为前期把关不严，面试的失败率很高。这不仅浪费了求职者往返的交通费用和时间，也浪费了用人单位的时间。

"聊一聊"还有个极大的好处是让双方的关系显得比较平等。对于陌生的招聘双方而言，这种在线聊天方式要比面试更让人感觉轻松和温馨一些。并且双方在聊天的过程中也比较容易建立信任感，而这份信任感直接关系到缔结良缘之后双方将如何相处。

无论是找老板还是找员工，都得"三观"一致

人们在想要跳槽时常常面临这样几个悖论：自己想换工作，但又不想主动投简历，而是希望被联系；朋友推荐较为靠谱，但将求职意向告诉所有的朋友，除了浪费时间且效率不高外，还感觉特没面子；盼着猎头主动打来电话，却发现多数猎头推荐来的工作都非常不靠谱。

观察到这些问题，2013年，前搜狗高管林凡创办了社交求职应用"脉脉"，希望通过利用社交关系，打造真实的人脉圈子和匿名的职场社区，求职者只要填写简单的资料，如工作年限、职位、求职意向、目标薪资等，就可以利用在人脉圈子里的位置，达到被动求职的目的。

"脉脉"创始人林凡认为，结交人脉显然并不是个高频的需求，所以职场社交的重点应该放在优质内容的生产上，"只有内容才能让大家产生高频的访问"。

新用户注册登录"脉脉"后，在首页里可看到一些实名动态消息，细看内容和发帖人的个人资料，你会发现这些动态大多来自同行。这些同行大多是你所不认识的，但系统会根据你注册资料中的标签，判断你跟他们可能会有交集，然后

推荐这些人发的动态给你，将其显示在你的"脉脉"首页。

比如笔者的注册资料中提到了"新闻媒体"和"互联网"，结果笔者的"脉脉"首页就有来自《中国经济周刊》和《小康》等杂志的记者、网易的公关、知乎的前员工等人发布的动态。即便尚未加好友，但笔者只要对他们发的内容感兴趣，便可以点赞、评论。如果多次看见某个人发的动态，觉得可以保持联系，便可发送好友申请。在对方通过笔者的好友申请之后，他就正式成为笔者的"一度人脉"。

如果看到他动态中的招聘信息，而彼时笔者正打算跳槽，便会主动联系他。或者即便是原先并无跳槽的念头，只是随便看看后也可能会动心。当然，他也可能主动找笔者私聊，挖笔者过去。

这种发生在社交链上的招聘，可以帮用人单位和求职者双方节省不少时间。

在传统的招聘网站上，求职者得特意花时间从海量的招聘信息中筛选中适合自己需求的人，有时候可能浪费了很多时间却依然没什么效果，而"脉脉"中这些来自自己人脉圈的信息，简直是得来全不费功夫。

而对用人单位来说，也省去了从海量的简历中一一筛选的时间。

现在，我们来思考这样一个问题：别人在招聘网站上发布一条信息，你可能并不会在意，但发在"脉脉"上的，你可能会忍不住看一看。为什么？

在专业招聘网站上出现招聘信息并无任何新奇之处，并且发帖人你可能并不认识，那你为什么要看？而在"脉脉"上，十几条好玩的内容中夹杂着一条招聘广告，首先，你不会反感；其次，因为以前经常看到对方发的内容，对他也有一定的信任感。有些人脉，你虽然跟他并不熟悉，但点进去一看，他的影响力指数（通过通讯录关系、新浪微博粉丝数量、职位等来综合衡量）非常高，这时直觉会告诉你，他发的招聘信息通常比较靠谱。

还有一点很重要，你对某个雇主的了解并不是从看到他发布招聘信息时开始的，在此之前你已经对他有一定的了解了。从他平时发布的内容来看，你们大体上是"三观"一致的人，否则你早就把他删掉了。这意味着在以内容为纽带的社交招聘中，你未来的雇主在很大程度上是跟你价值观契合的人。

站在雇主的角度看，亦是如此。

通过传统招聘网站找工作，在投简历之前你并不了解用人单位的 HR 和老板；对方也不了解你——即使看到简历也依然不了解，因为简历往往是不完整的。并且在后续的面试过程中，极可能出现双方均隐瞒信息的情况——求职者由于得到这份工作的愿望太迫切，隐瞒了一些信息；而用人单位为了早点招到人，也隐瞒了一些信息。这种信息的不对称为日后的冲突埋下了隐患。

但在"脉脉"上，平时发的那些纯粹的内容帖子可能早就把跟自己"三观"不合的无效人脉给淘汰掉了。大体上可以确定的是，如果你对一个人平时发的内容没兴趣，那基本上也不会看他发的招聘信息；反之，你之所以会看某个人发的招聘信息，也是因为你们平时就三观一致。

因此，我们相信通过这种方式走到一起的雇主和员工，磨合起来要顺畅得多，相处起来也要融洽得多，"分手"的概率会大大地降低。

"脉脉"拥有强大的数据挖掘能力，它能根据用户的社交链来匹配招聘双方，这一点是传统的招聘网站所不具备的。因此脉脉商务总监张伟曾"傲慢"地说："脉脉跟智联招聘、拉勾网这样的招聘网站不存在竞争关系。"

跟"脉脉"有竞争关系的是来自美国的职场社交平台"领英"中国及其旗下的"赤兔"。当年，"领英"在美国横空出世之后，各大招聘网站的生意纷纷开始走下坡路。但"领英"在中国发展得并不顺利，有两个因素很关键：其一，"领英"公开了用户的求职信息，但用户并不愿意让别人知道自己有跳槽倾向；其二，在"领英"上，用户需要从零开始建立社交关系，但"脉脉"则与用户的微博和手机通讯录捆绑，自动计算用户的关系链，甚至可以推荐二级人脉。

"领英"的中国化并不成功，已经被"脉脉"赶超。数据研究机构艾瑞咨询公布的 2017 年 4 月的 App 指数显示，职场实名社交 App"脉脉"超越了职场社交类应用"领英"，位列行业第一。

2017 年 7 月，互联网主流商业杂志《互联网周刊》联合 eNet 研究院公布了2017 年上半年度 App 分类排行榜，在商务社交 App 领域，"脉脉"再度超越"领英"，成为行业领头羊。

"领英"在 2015 年夏季推出"赤兔"正是为了弥补中国化策略的失败。在未来，"领英"在中国战场上的主力将是"赤兔"。"赤兔"的产品设计和"脉脉"非常相似，并且在知识付费等领域已经做得很成功了。不知道在未来，"脉脉"招聘会不会被"赤兔"超越？

TIPS

　　因为有自己想结交的人脉，也有好玩的内容，所以用户访问"脉脉"的频率要比登录传统招聘网站高得多，这样对招聘方来说，将招聘信息发在"脉脉"上要比发在招聘网站上得到更多的关注。这给我们一个启示：移动互联网产品的运营者可能得把更多的精力和智慧投入到那些不怎么赚钱的引流业务上。而对引流来说，社交＋优质内容是最好的法宝。

让每个员工都成为 HR

"找对象可以不听爸妈的，找工作一定要听仟寻的。"看到这句广告词，人们立刻被吸引住了。但在手机应用商店里去搜寻"仟寻"App，结果居然为 0！

原来，"仟寻"是一个没有 App 的招聘求职平台，它所有的功能都可以在微信公众号(服务号)上实现。选择把战场放在微信公众号上，其主要目的并不是为了节省开发和维护 App 的费用，而是便于对用户的社交关系进行深度绑定。

为了降低招聘成本、提高可信度和效率，越来越多的公司在招聘时鼓励员工推荐，简称内推。不过大部分企业都没有自己的招聘/内推系统，需要依赖一个第三方平台。"仟寻"就是这样一个帮助企业组织进行内推招聘的第三方平台。

"仟寻"的用户分 C 端和 B 端，前者即一个个零零散散的求职者，后者即用人单位。假定你是 B 端公司的 HR，你去"仟寻"微信公众号上发布招聘信息，这则招聘信息不仅可以被一些陌生人看到，还会接触到你们公司的其他员工，他们会自发地将招聘信息推荐给自己的朋友。

举个例子，在仟寻微信公众号的"职位广场"菜单中，员工 A 看见了自家公司在招聘产品经理，他只要点击进入页面，就会看到"推荐朋友"的按钮。点"推荐朋友"，系统会提示"你懂的！"，即暗示员工 A 把这条信息分享出去。A 分享到朋友圈之后，被他的朋友 B 看到了，就可能促成 B 投递简历。

B 本来在另一家公司干得顺风顺水，对薪水也很满意，没有想到要跳槽，但当他看到 A 推荐的这个岗位，觉得该岗位跟自己的匹配度更高，并且待遇也更好一些。这个意外的诱惑让 B 很是心动，他在跟 A 打听了一下这个岗位的情况后决定试一试。于是，他点了菜单中的"联系 HR"按钮。

在联系 HR 后，B 立马收到自动回复："我是××公司 HR，我可以推荐您或您的朋友加入我们。"也就是说，B 本人可以投递简历；如果 B 在深入了解后发现自己对这个岗位兴趣一般，也可以把链接推荐给他的朋友 C，如此循环。

在传统的招聘渠道下，C 不会特意登录招聘网站，只有在他需要找工作的时候才会去。很多精英一旦选定了东家，不会轻易跳槽，因此新的用人单位也就很难有机会接触到这些精英。而在"仟寻"招聘"朋友推荐"的机制下，这些本无跳槽打算的人也被纳入招聘人群中——这种被动求职者的规模要比主动求职者大得多。

根据人以群分法则，在通常情况下，通过公司员工 A 的关系链被吸引过来的朋友 B 和 C，要比从传统招聘网站上招进来的完全陌生的人靠谱一些。并且站在求职者一方来说，"朋友推荐"的工作靠谱程度也更高一些。所以，相对于招聘网站上的职位，他更有可能积极地申请这种岗位。

据媒体 36 氪报道，实行员工内部推荐，应聘者简历的有效率往往可达到近20％。但是绝大多数的企业并没有一个有效的激励系统，因而员工内部推荐的热情并不高。"仟寻"想让企业所有的员工都可以成为单独的猎头和品牌大使，所以想出了一个新的激励方式。

仟寻系统鼓励员工进行微信绑定，并通过员工的分享行为及其效果自动记录积分。例如某员工在其微信圈分享某职位，有申请者通过该分享投递简历时即自动记录积分。当该申请者进入一面、二面、三面时，积分也会相应增加。当申请者最终入职和度过试用期后，积分会再次增加。

这种机制保证了员工会去推荐更加符合职位要求的高质量候选人，而不是以推荐数量取胜；同时也对员工在对企业做出的每一步贡献都给予鼓励，而不是以往的只有成功才鼓励的做法，这样的方法往往可以更好地调动起员工推荐高质量候选人的积极性。

在这种奖励机制下，所有的员工都可能成为公司的 HR。

显然，与传统的招聘渠道相比，"仟寻"不仅帮用人单位降低了招聘成本，而且招聘效率及招聘到优秀人才的概率都极大地提高了。

目前，"仟寻"拟实行企业第一年使用免费、第二年起收费的模式。2016 年年底，其付费客户的续费率高达 90％，远超 40％ 的 SaaS（Software-as-a-Service，软件即服务）行业平均水准。足见付费用户觉得自己的钱花得值。

📎 **TIPS**

1. 我们在本书绪论中提到，新媒体相较于传统媒体最大的优势是，文章可以通过用户社交链的传播触达非订阅用户，甚至可能一篇文章的大部分阅读量都来自于非订阅用户，这样流量便可突破订阅用户数这个天花板的限制。

2. 在"仟寻"的社交招聘中，这一点同样适用。在传统的招聘渠道下，或许某个人平时不会登录招聘网站，只有在他需要找工作的时候才会去。很多精英一旦选定了东家，更不会轻易跳槽，因此新的用人单位也就很难有机会接触到这些人。而在"仟寻"招聘"朋友推荐"的机制下，这些本无跳槽打算的人也被纳入——要知道，这种被动求职者的规模要比主动求职者大得多。可以说，"社交＋招聘"的想象空间要比单一的招聘模式大得多。

下一任老板说，他想跟你聊一聊

2017 年 8 月，互联网招聘平台"Boss直聘"的日子很不好过。在大学生李文星因通过"Boss直聘"找工作不幸陷入传销案件最终致死的案子曝光后，"Boss直聘"不仅遭受了巨大的舆论压力，而且还被国家网信办"约谈"。"Boss直聘"的负责人坦言，他们对招聘方的审核太宽松了，这也是他们未来改革的方向。

笔者曾多次使用"Boss直聘"找工作，其使用体验还是不错的。抛开对招聘信息审核不严这一问题，"Boss直聘"的功能设计和实际使用效果都要比传统的招聘网站更好。最明显的一点是，它让求职者实现了跟用人单位在地位上的平等。

在旧的招聘模式下，用人单位先在招聘网站上发布用人需求，求职者筛选到适合自己的岗位后投递简历，然后等待用人单位的约见。大多简历投出去都杳无音信,这常常会让求职者产生一种竞争很激烈的错觉,因此他们在求职心态上容易变得很卑微,以至于只要能接到个面试通知,就会喜出望外。

找工作的一方被称为求职者,这意味着求职者和聘用方的关系并不完全对等——找工作的一方处于弱势地位,找个工作是要"求"人的;面试的过程也不是对等的谈话,双方无法通过完全坦率的、毫无顾忌的交流来确认对方是不是自己的"真爱"。应聘者一方根本不敢乱说话,更加不敢面试自己潜在的老板,他只是在被动地接受潜在老板的面试,甚至是居高临下的"审视"。

而在"Boss直聘"上,很多时候并不是求职者主动与用人单位的领导沟通,该单位的领导或 HR 如果对求职者的简历感兴趣,会直接过来打招呼:"我对你的简历很感兴趣,可以聊聊吗?""可以聊聊吗"听上去是不是比传统招聘渠道下的"你来面试一下"让人感觉轻松多了?

以往的面试更多的是用人单位单方面对求职者进行筛选;而在"聊一聊"的语境下,求职者自己也有了更多筛选的权利。不管是面试通知还是录取通知,因为是通知,意味着用人单位已经单方面做出了决定,求职者只能听从和照做;而现在的"聊一聊",则是一种平等协商的关系,潜在老板主动来"请求"和你聊一聊,会让你没有了"求人"的感觉。

此外,求职者在碰到自己感兴趣的雇主后,还可以主动发起聊天,系统会提示你发出的信息是否被收到、是否被阅读。有求职者表示,这让招聘变成人对人的交流,而不是机器与人的生硬沟通。

"Boss直聘"的创始人赵鹏也坦言,提升求职者的位置、让应聘者与老板平等对话正是他创办"Boss直聘"的目标和理念。

"Boss直聘"是移动互联网时代的产物。求职者跟用人单位的关系变得更加平等,是移动互联的结果。与传统互联网相比,移动互联网消灭掉了更多的信息不对称因素。

因为自带聊天属性，赵鹏认为"Boss直聘"更像是一个社交产品，"如果微信是一个让大家消费、娱乐的大广场，'Boss直聘'就是边上的一个咖啡厅，旁边还会有茶馆、饭馆……"

这样的沟通方式更顺畅、更到位。沟通到位的结果是，招聘方找到了更合适的人才，而人才也选择了更适合自己的老板。因此，聊一聊的意外收获是员工的离职率降低了。

"Boss直聘"上的Boss，更多的是创业公司的老板。创业公司的招聘通常不叫招聘，而叫组建团队。创业公司的老板不是在招聘雇员，而是要找到志同道合的人来一起做一件喜欢的事。既然是找伙伴，那自然得好好聊一聊了。

跟陌生的应聘者聊天很耗费时间，可对创业公司的老板来说，通过聊一聊来组建团队，其实是创业初期最重要的事情。我曾接触过某独角兽企业的创始人，在创业早期，有三四个月时间他什么别的事都没做，只是忙着跟应聘者聊天；后来事实也证明，这些通过用心聊天而被纳入麾下的人才都特别"给力"。

相反，我们可以想见，如果在早期聊天的时候不够投入，就会导致草率组建起来的团队不够优秀。团队不够强大，无论你融了多少资、做了多少推广，败局都是早已注定的。

所以，对应聘者来说，当潜在的Boss说要跟你聊一聊的时候，不能马虎大意。除了要警惕传销组织及其他诈骗团伙之外，你还需要特别留心，不同Boss聊天的能力和聊天时的用心程度都是不一样的，只有那些擅长聊天并且跟你聊天的时候特别投入的Boss，你才可以"以身相许"。

TIPS

　　平等对话是社交关系形成的必要条件。"Boss直聘"最大的亮点就在于，人力资本的供需双方实现了形式上的平等。以往的面试更多的是用人单位单方面对求职者进行筛选；而在"聊一聊"的语境下，求职者也有了更多选择的权利。不管是面试通知还是录取通知，因为是通知，意味着用人单位已经单方面做出了决定，求职者只能听从和照做；而现在的"聊一聊"，则是一种平等协商的关系，潜在老板主动来"请求"和你聊一聊，会让你没有了"求人"的感觉。

第十一章

医疗+社交：社交，让治病更容易

❖ "三人行，必有我师。"如果能将高质量的医生人群聚集在同一个平台上，让他们互相切磋，必将极大地提高社会的整体医疗水平。

❖ 所谓"久病成良医"，每个人在自己看病的经历中都能收获到很多相关的知识和经验，如果能把这些经验搬到线上来，打造一个病患社交平台，让这些"同病相怜"的人们互帮互助，应该能使很多人减轻病痛、恢复健康。

❖ 医院常见的"先收钱，再看病"，不仅伤了病人的心，也给医院和医生的形象蒙上了一层阴影。但如果能让医患双方在移动互联网上建立起与利益无关的纯粹社交关系，等关系到位了，完全互相信任了再收钱问诊，或许会好很多。

❖ 这种基于社交的口碑效应，让那些医术和人品都不错，但之前由于知名度不高而很难脱颖而出的普通医生有机会与声名显赫的大专家站在同一条起跑线上。

聊着聊着，就把病给治了

"在社交媒体上抱怨夜间盗汗和体重减轻的人可能不知道这些是淋巴瘤的症状，也不知道早上关节僵硬和容易晒伤或许预示着他们可能患有红斑狼疮。

而四处抓取社交网络帖子的机器人则完全有可能注意到这些线索。"2017年6月，"连线"网站的一篇文章称，有朝一日，社交媒体网络可能能够诊断用户的疾病，能够在用户知道自己生病之前向他们发出提醒。

临床试验大数据专家、也是这篇文章的作者沃尔·切布姆认为，借助机器学习技术，通过对用户在社交网络上的行为进行分析，研究人员可以推测出用户的健康状况。比如关于头痛和恶心的帖子，逐步减少的运动计步数量，表明去药店次数不断增加的手机GPS数据以及表明协调性不知不觉中慢慢变差的打字准确度，都说明该名用户可能健康状况堪忧。

随着大数据的能力越来越强大，社交网络与医疗的交集将会越来越多。但健康是一个非常私密的话题，很多人并不希望自己在社交网络上的数据被医疗机构抓取，如果自己最近并没有做过身体检查，却突然收到一条信息提醒"你可能生病了"，用户可能不仅觉得唐突，而且会心生反感。

但患者会希望与相关的专业人士建立联系。这给专门针对医患关系的垂直类平台的发展带来了机会。在这样的网络中，医生可以利用碎片化时间跟同行做一些业务交流，而患者不仅可以从与自己"同病相怜"的病友那里得到慰藉，还可以从医生、理疗师那里得到在传统医疗中只有几分钟的面诊里得不到的温馨指导。

通常，医生留给我们的印象总是刻板、保守的，因此我们会想当然地认为，医生对社交网络这些新事物也不敏感。但事实是，根据CDW Healthcare在2015年的数据，在26~55岁的医生里，有87%的人在使用社交媒体；在56~75岁的医生里，有65%的人在使用社交媒体。

医生们认识到了社交媒体的价值，正越来越多地与同行在社交网络上进行医疗研究和讨论，并利用它获得患者的护理信息，建立职业发展规划和网络。事实上，60%的医生认为社交媒体能提高患者接受医疗护理的质量。对医生来说，专门服务于他们这个群体的垂直社交平台已成为刚需。

2011 年 3 月,通过社交网络的模式,将高质量的医生人群聚集起来,整合资源在医生之间分享病患的医疗数据的垂直社交平台 Doximity 上线。到 2014 年年底,Doximity 的会员人数在短短三年时间里增加到了 40 万人,这意味着超过一半的美国医生加入了这个网络。

Doximity 在中国有一大批追随者,其中做得最好的是"医联"。在上线后,"医联"只用了两年时间就使用户数达到了 40 万人。由于中国的医生总数比美国多得多,所以"医联"的覆盖率实际上要比 Doximity 低得多。但如果考虑到中国的医疗行业长期受到严格管控,尤其是公众普遍对医疗相关的网络缺乏信任,"医联"取得这个成绩已是相当不错了。

与医生相比,患者的数量要大得多,如果能发动患者都上网,则基于数据分析的医疗将会高效许多。

2008 年,谷歌推出健康服务 Google Health,用户可向 Google Health 导入病历、处方、检查结果等医疗记录,其提供的互动工具可提醒用户回诊或取药。但不到 4 年,Google Health 就因影响力不足而被迫关闭。Google Health 原负责人 Adam Bosworth 认为这项服务失败的最重要原因是没有社交基因,无法鼓励用户上传个人健康数据。

2013 年年初,在 TED 大会上亮相的慢性病病人专属社交平台 Patients Like Me 则完全克服了 Google Heath 的不足。在这里,用户不仅乐意分享自己最隐私的健康信息、指望从和自己"同病相怜"的过来人那里得到帮助,而且他们自己也可以帮助别人,至少能给予他人感情上的抚慰。

Patients Like Me 还能为病人提供自测工具,而自测的数据则可以与研究人员分享,这样一来,患者间接地为研究人员提出同类疾病的治疗方案做出了贡献。

  Patients Like Me 的用户做出的另一个贡献是可以成为临床试验的被试者。据估计，临床试验工作中 30％的时间都花在了被试患者的招募上，而募集患者的艰难也被列为导致临床研究推迟的首要原因。通过社交网络招募被试患者，能减少试验成本，帮助研究人员更快找到治愈疾病的方法。Patients Like Me 在不到两年的时间里就为超过 45000 项临床试验自动匹配到了被试成员。

  在中国厦门，也有一个团队在 2014 年推出了 Patients Like Me 的中国版产品，连最初的名字"病患如我"也是直接从 Patients Like Me 翻译过来的。可能是为了规避知识产权纠纷，"病患如我"后来改名为"觅健"。"觅健"的功能跟 Patients Like Me 大同小异，但也有一个独特的亮点，就是推出了类似于"分答"的知识付费功能。

  由于中美两国人口悬殊，因此作为中国医疗细分领域冠军的"觅健"的潜在用户规模要比 Patients Like Me 大得多。这也意味着，"觅健"能掌握更多的用户数据，因此它留给我们的想象空间也要比 Patients Like Me 大得多。

  医生与医生、患者与患者之间的关系比较简单：其一，他们虽然对彼此有需求，但并非是刚性需求，主要起着锦上添花的作用；其二，两者之间的利益冲突不尖锐，相处要容易得多。

  然而，医患之间的关系却要复杂得多：其一，他们对对方的需求都是绝对的——离开了医生，患者无法被治愈，离开了患者，医生可能无法谋生；其二，双方的关系并不是纯粹的服务与被服务的关系，还存在金钱关系、交易关系，再加上医疗行为具有人命关天的特殊性，因此医患之间要建立起绝对的信任是很难的。

  医患之间这种既彼此离不开又很难相互信任的关系，几乎是医疗领域中最令人头疼的问题。医院常见的"先收钱，再看病"，不仅伤了病人的心，也为医院和医生的形象蒙上了一层阴影。但如果能让医患双方在移动互联网上建立起与利益无关的纯粹的社交关系,等关系到位了,完全互相信任了再收钱诊病,就会好很多。

在医患社交平台"优医比邻"和"健康580"上,医生都会先无偿地分享自己的医学知识和经验,患者在看过(可能还亲自尝试了相关方法)后如果觉得很满意,他就会认为这个医生很靠谱。一个医生如果连续多次分享靠谱的帖子,让患者不花钱也能得到医疗帮助,那他就很容易受到患者发自内心的爱戴。这些患者会成为医生的"铁杆粉",通过他们的口口相传,为医生吸引更多的粉丝。医生可以直接在 App 上建群,让自己的粉丝在里面群聊。

等双方之间的深度信任关系建立起来了,医生再提供收费诊断或其他服务,患者就不会有抵触情绪了。这个时候,患者会觉得自己的钱"花得值",而医生也不会觉得患者"难缠"。

还有很重要的一点是,这种基于社交的口碑效应,让那些医术和人品都不错,但之前由于知名度不高而很难脱颖而出的普通医生有机会与声名显赫的大专家站在同一条起跑线上。医患之间的社交让医生之间更加平等,这不能不说是一个意外收获。

小医生也有机会建立自己的个人品牌,并间接地增加收入,这将使更多的医生得到鼓励,更有动力去提升自己的医术。长期下来,受益的不仅仅是医生和患者,而是整个社会。

帮 40 万名医生"组局"

"三人行,必有我师。"如果能将高质量的医生人群聚集在同一个平台上,让他们互相切磋,必将极大地提高社会的整体医疗水平。在有了这个念头后,口腔科医学博士王仕锐创办了一个只有医生才可以使用的实名＋匿名垂直社区——"医联"。

登录"医联"，在首页的头条栏看到的是诸如《一副主任被打，只因患者胃口不佳》《手抖不一定是帕金森，9个小问题自测早期风险》《21岁的实习生，爱上了48岁的外科主任》等来自行业媒体的文章；直播栏是各种行业论坛、培训、讲座等；视频栏则是各种手术的视频，这些视频的点击量常常达到2万～3万次。

不过，作为一个把医生连接在一起的社交平台，医联的核心功能却不是这些文字和视频，而是病例分享与讨论。点击右上角的知识库，我们可看到急诊医学科、内科、外科、妇产科、儿科、口腔科等病例门类。对于某些在目录中查找频率比较低的门类，用户也可以直接在搜索框搜索。

笔者在输入"肺癌"后可以搜索出成百上千条结果，排在第一条的是辽宁省朝阳中心医院的外科医师卢某对一位肺癌病人的检查及治疗过程、诊断结果等。在评论中我们可以看到多名来自县级医院的普通医生的评论："医联病例对我们基层医生的帮助很大""长见识了""谢谢提供这么宝贵的案例分析"。

围观者如果很认可分享者的医术，并希望以后还能继续看到他分享的病例，可以关注他；如果还希望可以做一对一的交流，便可以添加对方为好友。由于评论是开放且实名的，因此，用户如果比较欣赏另一位用户的评论，也可以关注他或加为好友。

值得注意的是，用户只有在提供医院名称、科室、工牌等信息，进行实名认证后，才可以添加其他医生为好友。

目前，"医联"App中75％的用户为主治医师及以上级别的医生，在医生用户分享的病例中，74.7％为中重病疑难杂症病例。王仕锐讲述了这样一个案例：有天晚上，湖南某三甲医院的医生在"医联"平台上求助一个疑难病症的治疗方案，在接下来的一周时间内，全国约10个城市、20家医院的8个医学教授、十几位专家参与了这个病例的讨论，最终给出了一个最优的治疗方案。

为更好地帮助医生学习，"医联"还推出了国内首档临床医学培训节目《极限会诊》，对手术、会议讲座等进行视频直播。节目首播时段观看人数超过 2 万人次，同时在线人数超过 8000 人次。

通过对接基层医疗机构和上层专家，"医联"既满足了初级医生希望获得更多病例或解答来学习的需求、解决了基层医疗机构重症疾病的手术需求，又满足了部分权威医生建立个人品牌、做医疗"大 V"的需求。

"医联"还致力于为医生解决精准匹配的问题。

在中国现行的医疗体制下，每位医生都要应对很多患者，但不同医生擅长的科室和病种、资质和水平又不尽相同。一方面，医生希望有自己的精准患者，即患者的疾病能匹配自己的临床专业能力；另一方面，医生也想把与自己不太匹配但又必须为其诊治的患者转给别的医生，使医疗资源的分配更加合理。

比转诊更常见的增加收入的途径是出诊。

随着国家对分级诊疗的推进、医生多点执业政策的放开，那些拥有个人品牌的医生可以逐渐摆脱对平台(医院)的依赖而独自出诊。"医联"便着手布局多点执业服务，为医生及基层医院提供经纪人服务。

"医联"上的手术专家以从医 5～6 年的中青年主治医师、副主任医师为主，这些医师每周可抽出 1～2 天的时间来为基层患者做手术，"医联"现已实现每月 15000 多台出诊业务。其中，与"医联"深度合作的医生目前大约有 4 万人。王仕锐分析说，中青年医生经过培训，将成为中国医疗的主力，这一群体有约 20 万人。

帮助基层医疗机构输送医生，"医联"可以从中赚取一定的信息服务费。在出诊服务上线后的一段时间内，"医联"每个月的收入都能翻一番。

这是一件双赢的事情。"医联"通过这种方式，一方面提高了医生用户的黏性，另一方面也找到了一个商业变现的模式。

医生是一个压力很大的职业，不仅工作强度大，而且经常要面临一些奇怪的患者，因此常常很压抑。如果这些负面情绪一直憋在肚子里，会影响身心健康，因此"医联"也为医生们提供了一个释放不良情绪的窗口。

灵寿县中西结合医院肿瘤科医师柳某在一则病例中提到，一肺癌患者拒绝放化疗治疗，该病例下有两位医生分别留言："我觉得这个患者也挺愚昧可悲的，把自己的病拖到这个时候，还不配合治疗。""哎，患者自己拒绝进一步检查与治疗，医生确实是束手无策的。"

"医联"上还有一个匿名吐槽版块"深夜病房"，医生们可以在其中吐槽或抒发情绪，这样一个相对安全可靠的医生情感倾诉平台也深得用户喜爱。深夜病房最初每天只在零点到两点之间开放，现在将开放时间调整为晚上7点到次日早上7点，这个时间段恰好是夜班医生的上班时间。

王仕锐毫不讳言，"深夜病房"这一功能的开发，是受到了"无秘"这一社交平台的启发。汲取他人之所长为己所用也是医联不断优化、提升用户体验的一种方式。

由于既满足了医生提升业务技能、建立个人品牌和赚外快的需求，又照顾到了他们的情感需求，"医联"在上线后极受医生欢迎。从上线到达到10万用户，"医联"只用了1年时间；此后，从10万用户到40万用户同样只用了一年时间。

在外人眼里，"一山不容二虎"，马化腾和马云一直是"势不两立"的，但在2015年9月，这两人同时投资了"医联"。互联网医疗做的人很多，但成功的人并不多，背靠大树的"医联"能不能成为中国的Doximity呢？

TIPS

1. 与最常见的社交主要是"炫秀晒"、交流兴趣爱好、分享心情不同，医生群体作为时间价值极高的专业人士，他们玩社交网络的目的当然不是聊一些"你吃了吗"之类的问题，而是提供专业服务。这是一种典型的功利社交。为服务于医生的功利社交，在"医联"上，病例分享和讨论是核心。

2. 我们在前面提到在网红经济时代，草根也可以凭借一定的特长打造个人品牌。跟网红教粉丝穿衣打扮类似，通过对接基层医疗机构和上层专家，"医联"既满足了初级医生希望获得更多病例或解答来学习的需求、解决了基层医疗机构重症疾病的手术需求，又满足了部分权威医生建立个人品牌、做医疗"大 V"的需求。

"病同道合"者的抱团取暖

如果你曾经从病魔手中死里逃生，或者正在经受疾病的折磨，可能会感到莫名的孤独。而在求生意志与病痛烦扰相互撕扯着病躯之时，你会渴望在互联网上找到与你"同病相怜"的朋友，从他们抗争成功或失败的经验中，找寻自己活下去的动力。

而这就是 4 年来，"觅健"CEO 刘文桂一直在做的事。

所谓"久病成良医"，每个人在自己看病的经历中都能收获到很多相关的知识和经验，如果能把这些经验搬到线上来，打造一个病患社交平台，让这些"同病相怜"的人们互帮互助，应该能帮助很多人减轻病痛、恢复健康。基于这样的考虑，2014 年年初，刘文桂推出了"病患如我"App。

病友之间有天然的亲近感和信任感，他们愿意通过分享自己的经验来帮助其他病友。基于这一点，"病患如我"高度认可患者分享的诊治经历，"你是什么时候得了病、去看过哪些医生、用了哪些药、效果怎么样、最终到底是怎么治好的、要是没治好的话原因是什么、下一步打算怎么办……这些内容对于其他患有相同疾病的用户来说，都是极其宝贵的经验"。

经过近一年的积累，"病患如我"共收集了关于肺癌、乳腺癌、自闭症、胃炎、胃癌、系统性红斑狼疮等 12 个病种的近 5000 个帖子以及 3000 名内容生产者——大部分都是有过相关诊疗经历的患者。

但后来刘文桂意识到，"病患如我"这个名字不好。"不要让用户一直提醒自己是'病患'，我们希望在命名上能更加阳光正向。"于是在 2015 年 8 月，"病患如我"更名为"觅健"，并在进行全面改版后重新上线。

在"觅健"首页的正上方，乳腺癌康复圈、SLE 互助圈、肺癌康复圈等互助组织格外显眼。点击"肺癌康复圈"的图标，是一则标题为"肺癌帮帮帮"的帖子，该帖子正文中有几段话是这样写的：

> 最新消息！最新消息！肺癌康复圈的肺癌帮帮帮团成立啦！
>
> 抗癌之路不好走，让我们团结起来，互帮互助，共同努力才是出路。
>
> 如果你是抗癌老手，你走过的路，你在抗癌路上吃过的苦、受过的罪，都是有意义的、有价值的。你走过的路，其他觅友还在挣扎；你跌过的跤，其他觅友还在遭受伤痛。你的能量超乎你的想象，对其他觅友将是珍贵的帮助。赠人玫瑰，手留余香，我们诚挚地邀请你加入我们，成为帮帮帮中的一员，来帮助其他病友。
>
> 如果你是抗癌新手，肺癌一词你从未想象过，现实却让你咬牙切齿，避无可避。你应该知道这些让你焦头烂额、着急慌忙、无人可说的问题，也许其他觅友正在经历，也许有的觅友已经解决。不要费神，不要犹豫，统统交给我们。发帖、发求助（信息），让我们肺癌帮帮帮来帮

助你。一个人难挑千斤担，万人能移万座山。千难万难，我们一起

解决。

是不是看上去格外温馨？为了激励过来人能够多分享自己的经验，帮助更多的新手，"觅健"官方还经常举办活动，激励用户多发言，提高活跃度。

在互助栏目里，我们可以看到很多觅友们之间互帮互助的帖子。

一个觅友问："你们化疗的时候肝出现过问题吗？我记得是有打护肝药的，但这次化疗之后转氨酶还是偏高了，那是要继续打护肝药还是口服？"帖子下面有两个过来人回复："转氨酶偏高的话还是要打护肝药。""会的，我也是转氨酶偏高了，打了两天护肝药才降下了的。"

在一篇名叫"直肠癌中期化疗后贫血该怎么补？"的帖子下面，有"气血双补调理"，"可以让医生开一些补血的药吃一些，平时可以多吃一些补血的营养品"，"贫血厉害吗？要是严重的话可能得去医院输血""肠癌本身就可能带有贫血症状的，再加上手术化疗对身体的伤害，身体就更虚弱了。试着饮食调理，吃些红枣、木耳，再过一段时间看有没有效果"等多条过来人的回复。

在相似病友栏目中，用户可以输入自己的疾病名称，筛选出一些跟自己"同病相怜"的人之后跟他们私聊。

因为可以抱团取暖，很多患者越来越离不开这个平台。他们不仅希望从这里得到慰藉，并且就算是自己已经康复也不会马上离开，而是乐意继续把正能量传递下去。

不过普通患者的专业水准毕竟比不上医生，为了避免患者的错误描述误导其他浏览帖子的用户，刘文桂特意引入有医学背景的运营人员对帖子进行审核。

病友间的抱团取暖很大程度上只是一种精神抚慰，不能从根本上解决问题，

因此"觅健"也不会仅仅停留在互助的层面上，其更看重的是帮助患者对接精准的医疗资源。

在"觅健"每一个对应疾病的分区里，用户讨论的药品种类、医院类别等数据会被进行统计，并整理成为统计图。而数据获取的方式主要有三个：一是患者在注册的时候会被引导进行一些调查统计；二是通过网站爬虫技术来抓取；三是通过弹窗小调查的形式向用户收集。在确保用户隐私的前提下，"觅健"会对数据做进一步的加工分析，并为用户对接权威精准的医疗资源以及第三方诊断公司，这也是目前他们的盈利模式。

在"问专家"栏目，用户还可以向根据数据分析自动为其匹配的专家进行付费提问。排名第一的上海市第一妇婴保健院乳腺科主治医师成小林已经收到了差不多 842 个提问，她大概回答了其中的三分之一，提问者为每个问题付费 19.9 元。在成医生回答问题之后，其他用户可以付 1 元"偷听"——这 1 元将被转给第一个付费提问者。就这一点，"觅健"是借鉴了"分答"的模式。

"觅健"的另一个创举是：用户有机会参与新药的研发测试。在"新药研发"栏目，我们可以看见多款新药在招募参与测试的志愿者。来自乳腺癌互助圈的一则信息显示，参与新药赫赛汀测试的志愿者将可以得到这些福利：新药免费试用，一年可以节省 20 万～30 万元的治疗费用；专家们持续三年随访跟进，解决用药后可能会出现的不良反应情况；得到 1 万元补助金。

通过发动用户参与新药测试，"觅健"不仅使患者的价值感最大化，而且还解决了自己的盈利问题，真是一石二鸟。

TIPS

> 在很多时候，人们并不是希望从社交中获得什么具体的解决方案，而是想要得到情感抚慰。一个社交平台只要能满足用户对情感服务的需求，用户就愿意留下来。在"觅健"上，因为患者之间可以抱团取暖，因此很多患者越来越离不开这个平台，就算自己已经康复也不会马上离开，而是乐意继续把正能量传递下去。

先培养感情，再看病

患者担心被唯利是图的医生狠宰一刀，医生担心碰上不讲理的医闹，患者与医生之间彼此缺乏信任，互相防范，是医患关系中的最大问题。

即便是双方彼此都能毫无芥蒂，也往往无法做到沟通充分。从医生的角度来说，每天平均诊疗上百个病人，超负荷的工作量使其无力完善与患者的沟通，不能很详细地跟病人交谈或回应病患的咨询，更不可能持续地跟踪病患的治疗信息。而站在患者的角度，由于与医生沟通的时间只有几分钟、十几分钟，有些患者对自身疾病都不了解，只是听医生说了一堆从未听过的医疗术语。在医生开好药方之后，患者拿回家吃，但由于没有医生的联系方式，中间再遇到问题也没法沟通。

如果病人下次再来医院复查，因为要重新挂号，接待他的可能是另一个医生。因此，即便是患者已经往医院跑了好多个来回，他跟医生之间可能仍然是陌生的。所以患者对医生是否满意，在很大程度上并不是基于了解，而是基于自己的猜测。

但在云鹏创立的"健康580"平台上，这一痛点可以完美地得到解决。医生可以长期驻扎在"健康580"上，患者也可注册账号，医患双方可以先社交，再看病。并且在离开医院之后,患者仍然可以跟主治大夫保持一对一的密切沟通。这样不仅使得诊疗效果更有保障,而且医患关系也得到了根本性改善。

"人不是机器,医生给病人开了药,或者做了治疗,所有病痛就会马上消失无踪,医生需要参与患者的康复过程。但我看到很多肿瘤患者在漫长的康复过程中,不得不因为一点点身体的异常变化,带着厚厚的病例,辗转在一家家医院之间。"云鹏认为,传统医疗中的这一痛点可以通过移动医疗得到解决。"移动医疗让医生能够将自己的知识分享给更多的患者,患者可以随时将自己的病痛疑问告诉医生。"

但在对比市面上各种移动医疗平台后,云鹏发现,目前的在线问诊都是病患先付费再问诊。连面都没见过就要付费问诊,也不开药,这难免让不少患者犹豫不定。因为在线问诊不仅看不见摸不着,而且费用比线下实体医院还高。

云鹏觉得这不应该是在线医疗的完美形态,在他看来,医生和患者的关系不应该只是在线诊疗交易的关系,优质的医疗资源应该先放下身段,以更加开放的姿态跟患者平等交流。与在腾讯工作的朋友余江交流一番后,云鹏决定用社交产品的形式达成医患之间的交流。

所谓社交的方式,即双方并不是一上来就看病,而是先培养信任感。医生、药师、营养师、基因专家、健康管理师可以建设自己专属的频道,不断分享案例,吸引更多用户关注频道,活跃起来。他们还可以随时随地与关注自己频道的用户沟通,在沟通的过程中还可以即时发起自己的服务包。患者在跟医生沟通的过程中还可以立即发送病案给医生,让医患沟通更简单、充分。

在经过充分沟通后,患者可以根据自身的情况发出在线医疗咨询,医生确定能为患者提供院外咨询和帮助服务后,向平台申请付费服务包,审核通过患者付费后,医生再进行相关服务。

由于在以往的工作中接触肿瘤领域的医生比较多,云鹏发现,和别的疾病不同,肿瘤的诊疗并不是一次性的,而是一个漫长的恢复过程,得了肿瘤的病人需要不断地转换医院和长期的术后恢复。在这个长期恢复养护的过程中,能够更密切地和医生交流是患者的刚需。而满足病人的这个痛点,医生并不需要一直待在患者身边,通过网络利用空闲时间完全可以做到。

也正因为如此,肿瘤领域被作为"58健康网"的第一个切入口。在肿瘤领域尝鲜后,"58健康网"受到业内人士的极大欢迎。

郑州大学第一附属医院的杨医生说,他之前也用过一些移动医疗App,这些App功能都差不多,并且转化率不高,所以后来就没怎么用了。但2017年5月在一个学术会议里听人提到"健康580",杨医生觉得和自己的专业及需求很契合,所以就下载来试用。"这个平台的医患交流模式很不一样,很新颖,能实现我所想的医患交流方式,而且可以给到我们医生空间去打造我们自己的品牌频道。"

给医生空间去打造自己的品牌频道,即上文提到的医生自建的频道。在热门推荐中,我们可以看到"李药师肿瘤用药指导",这里的频道主李药师有17名粉丝,17名粉丝跟李药师一起组成一个交流群,李药师是群主。粉丝之间也有频繁的交流。随着粉丝的不断增加,李药师的品牌影响力不断增大。

而对粉丝(患者)来说,关注了李药师的频道并加入群聊,便意味着治病的过程并不会在离开医院后就结束。在回家用药的过程中遇到任何疑问,都可以在App端向主治大夫求助。

由于"健康580"确实实用,很多医生会将它自发地推荐给患者,患者之间也相互推荐,因此,"健康580"用户增长很快。截至2017年年中,"健康580"的用户数已超过30万人,其中,签约合作医生近600名、合作伙伴提供医生近2000名。

谈到产品的用户黏性,云鹏表示,感情寄托的社区分享也是"健康580"着重发展的方向,比如患者的抗癌日记、患者康复的照片和视频分享、平台筹集善款救助患者家庭等。"毕竟肿瘤癌症患者和关心他们的亲人朋友是要面临生死离别考验的,这些分享都是永恒的正能量,能锁住广大网民及用户的心。"

社交是最佳的润滑剂。云鹏希望,这种发生在 App 端的与交易无关的情感交流能彻底改变医患关系。

"我衷心希望将来某一天,医患间的沟通与交流就像我们在用 QQ、Facebook、微信和人人等社交平台一样简便可行,医患间就像好友一样和善、真诚,医生认真对待病患的每次倾诉,本着敬业和仁爱之心以低成本切实解决病患的问题;病患心存感激与互爱之心,体谅医护人员的艰辛不易,尊重他们的付出。患者在这里可以找到靠谱、满意的医生并建立起长期而深度的联系。"

"除了医患关系可以缓和很多,更有意义的是,医生通过脑力和精力的付出,得到病患的认可和尊重,而病患在院外康复阶段与医生互动咨询,在硬件(体征监测)以及第三方平台(医患互动)的模式下达到治疗效果和目的。构建'医—患—服务'的生态圈医疗正是互联网医疗的核心价值。"

在笔者看到的对移动互联网医疗的阐释和畅想中,云鹏这段话是最有情怀的。

TIPS

> 医患社交,跟我们在前面讲的新零售中的"感情到位了,买卖就做成了"有异曲同工之妙。医生和患者之间不应该只是在线诊疗交易的关系,优质的医疗资源应该先放下身段,以更加开放的姿态与患者平等交流。

第十二章

金融+社交：信任，是一切金融活动的基础

❖ 可以说，债权人同意"放款"并不是基于对借款人的信任，而是基于对尽调人的专业水准和责任心的信任。长期来看，那些拥有良好历史记录的优秀尽调人也更容易得到担保人的追随，因此，由他们负责尽调的项目也更容易成功。相应地，这些尽调人也能获得更高的收入。

❖ 我们很难想象，如果没有"轻松筹"这样的平台，这么多的普通人如何在很短的时间内向陌生人筹到这么多救命钱。

跟熟人谈钱，不好意思出差错

"您拨打的户主是老赖。"前一段时间，有几个地方法院给那些欠别人钱不还、在法院判决后还拒不执行的"钉子户"的手机号码强制捆绑了这样的彩铃，"钉子户"的亲友在给钉子户打电话时，都会听到这样的提示。这一狠招，让不少"钉子户"直呼受不了，赶紧想办法把钱给还了。

就算是脸皮再厚的人，也怕给亲友留下欠钱不还的坏印象。因为一旦被贴上这样的标签，以后在亲友圈里就很难立足了。借款人的这种心理，也成为金融行业降低风险的一大法宝。

用户借钱的时候压根儿就没打算还，或者尽管起初并没有要赖账不还，但在需要还款的时候还是能拖就拖，这是 P2P 行业中一个比较普遍的问题。坏账率居高不下，已成为 P2P 行业最大的危机。

但在 P2P 出现之前的传统高利贷行业，"钉子户"并不多见，这到底是什么原因？

在互联网时代以前，人们找不到向陌生人借钱的渠道，因此高利贷基本都发生在熟人之间，至少也有熟人担保，向熟人的熟人借。一般来说，熟人的钱，借款人总不好意思拖着不还；向熟人的熟人借的钱，如果你不还，就会对不住那个当初好心好意替你牵线搭桥的熟人。尤努斯的格莱珉银行实施的"五人互保"法则，就是在利用熟人社交的制约力量来督促借款人及时还款。

如今，这一机制也被借鉴到 P2P 行业的坏账催收工作中了。

在百度贴吧的反催收联盟中，有老赖截图爆料 P2P 平台"你我金融"外催组发的短消息："由于你在'你我金融'的还款已经严重逾期，并且已经多次违约，所以现在公司决定现在将直接向你的家人、朋友、村委以及社区公布你的逾期信息，同时将你手持身份证的照片直接公布到网络。"

另一个老赖爆料的短消息内容是："×××你好，由于联系不上你本人，现将正式拨打你的通讯录、街道办、居委会，通知你的亲属及朋友帮忙还款，所有后果请自行承担。"

为什么要通知亲属和朋友帮忙还款呢？据业内人士披露，P2P 平台的风控方式是这样的：签合同的时候，会随机抽取借款人手机通讯录中的信息，并将这些通讯录信息封存在一个信封里。倘若借款人按期还款，那么该信封将再原封不动地归还借款人；一旦借款人逾期，信封就会被打开，联系这些人进行借款催收。

谁也不愿意自己在亲友圈中的形象崩塌，因此信贷方以给你的亲友打电话为名进行催款的方式还是很有效的。

"你我金融"获取借款人亲友的联系方式是在线下的尽职调查(以下简称尽调)中实现的。线下尽职调查是"你我金融"风控工作的关键,而尽职调查人(以下简称尽调人)则是"你我金融"整个业务模式的核心。

为了将担保风险分散化、碎片化,"你我金融"引入了众保模式,即多个担保人为同一个借款人进行担保。但由于借贷行为发生在线上,大多数担保人都不便跟借款人见面,也就很难对借款人的信用状况有深入了解,他们决定是否放贷的最主要依据,就是由尽调人提交的尽调报告。

可以说债权人同意放款,并不是基于对借款人的信任,而是基于对尽调人专业水准和责任心的信任。长期来看,那些拥有良好历史记录的优秀尽调人也更容易得到担保人的追随,因此由他们负责尽调的项目也更容易成功。相应地,这些尽调人也能取得更高的收入。

社交关系的信用背书不仅适用于 P2P 的担保,也适用于众筹行业。

尽管"杀熟"并不少见,但相对于一无所知的陌生人,我们还是更愿意相信知根知底的人。况且目前国内的诚信体系以及绝大多数人的抗风险能力,还不能有效支撑大众化的众筹。于是熟人圈众筹应运而生。哪怕不是熟人,也会是一个熟人的圈子,是有熟人圈子背书的。

2016 年 7 月,一位美团员工在刚上线的众筹平台"水滴爱心筹"上发布"救救他的母亲,美团外卖员工刘灿炎感恩求助"的求助项目,获得了发起人同事的积极响应,10 小时即筹款 10 万元。其便捷高效的筹款能力与传统救助基金相比,令人印象深刻。

在大病救助方面,"轻松筹"是比"水滴爱心筹"更有影响力的社交众筹平台。截至 2017 年年中,"轻松筹"的用户总数已经超过 1.5 亿人,单笔筹款超过 10 万元的项目不计其数。"轻松筹"和"水滴爱心筹"的共同点是,求助者的熟人对求助信息进行信用背书,以此来鼓励更多的陌生人加入到捐助的行列中来。

　　"轻松筹"上还可以通过社交链发起水果等农产品的预售以及一些充满文艺范儿的项目。如有网友发起了"筹集39元彻底裸婚"的项目，资金用途为结婚花费："照片9块钱，结婚证30元"，回报是"做一道小菜"。

　　杭州敢先网络战略总裁胡兴华还提出了"社群众筹"的概念，倡导"先生活，后生意；慢生活，快生意"，"无互动，不社群；无社群，不众筹"。在他看来，社群众筹商业模式运营四要素就是O2O、C2B、众筹和社群。

　　传统的炒股业务也从社交金融中找到了可乘之机。用社交平台、交易社群将各种层级的投资人士聚拢在一起是最常见的手段。所谓各种层级，即少许"股神"和大多数"小白"。

　　股票交易新手通常很担心自己的资金会亏损，而跟随一名有经验的交易者进行交易能够帮助他们缓解这种不安。同时，学习股票交易知识，迅速掌握交易的要诀，这些都能帮助他们增强信心。因此，"一起牛""傻瓜理财""京东财迷"等平台有一个共同特点：让"老司机"带着投资"小白"一起玩。如果产品里的投资建议是身边熟悉的朋友推荐的，那么产品的接受度肯定会更高。

　　在这些社交交易平台上，关于投资标的的一切二手资料（如个股分析、版块推荐、黄金走势预测等内容）都不再由权威研究机构或媒体发布，而是由资深投资者代表个人发表自己的看法。

　　资深投资人士在交易社群上建立自己的投资组合，在每一次调仓时发布操作方法，并附上投资理由，以此来传达自己的投资理念，获得更多认同。当投资组合收益良好并获得一定认可、积累到足够多的粉丝时，资深投资者便可以为自己的投资组合收费。那些不愿意自己钻研的"小白"们可以直接复制他们的投资组合。

　　"小白"可以绕过在时间和资金上交学费的阶段，直接根据牛人的行为做出投资决策并获得利润，正是社交类炒股平台的最大优势。

以"大 V"为核心的风险共担机制

对 P2P 投资者来说，最重要的事情就是控制风险。很多急功近利的 P2P 平台为了迅速做大做强，往往对借款人的信用审查工作不够重视，使投资者的风险居高不下。平台跟担保公司合作，约定如果借款人逾期，由担保公司向投资者偿付，这样会让投资者放心许多。

但传统担保公司最大的问题是调查人员太少，根本没法对每一个借款者做详尽的风险评估，因此他们要么不敢担保，要么担保后容易使公司蒙受损失，最终的结果要么是借款人借不到钱，要么是投资者血本无归。

针对行业的这一痛点，有一个叫"你我金融"的 P2P 平台创造性地设计出了众保模式，即每一笔 3000 元以上的借款都有多个担保人，从而将担保风险分散化、碎片化。并且，担保人、投资者与借款人之间还形成了一种社交关系，通过社交链的制约进一步降低了风险。

比如一笔 5 万元的借款，担保人可能有 10 个。这 10 个人的担保责任也不一定是相同的，比如可能是第一个人担保了 14000 元，剩下的 9 个人各担保 4000元。一旦借款人逾期，则担保人将按约定垫本付息，并承担起催收责任。

相应地，借款人的借款成本，除了利息之外，还有一笔 1%～15% 的担保费。比如一笔 5 万元的借款，担保费最高达 7500 元。这 7500 元中，平台会扣除 10%的服务费，剩下的由各众保担保人按比例瓜分，作为担保人的收益。

常见的担保人分为钱小保、钱大保两种。平台上的每个投资者只要存入承担保证金就可以申请认证为钱小保；申请成为钱大保则需要提交个人资料，包括身份证照片、工作证明、收入证明等。

　　钱大保要承担线下的实地尽调工作,如果通过调查,认为可以给这个借款人放款,那他必须领头担保,并承担至少20％的担保责任(平台会根据申请人的保证金数额和过往的从业经历和专业技能,给予不同的最高担保授信额度);而钱小保则在看了钱大保的尽调报告后决定是否跟保(跟保者的担保额度不超过借款额的10％)。

　　平台上还有另一类担保人是公司化运营的微担保,微担保实际扮演的角色跟钱大保类似,为了表述的方便,我们在这里将微担保和钱大保统称为钱大保。

　　待多名钱小保跟保的额度跟尽调人领保的额度加起来刚好等于借款额度时,这个项目的担保便满标,其他人不能再继续跟保。担保满标后,投资者可以在阅读尽调报告及担保记录后决定是否要放款。

　　尽调人的领保和钱小保的跟保,是整个众保模式的核心。

　　具体到谁可以做某一个借款项目的尽调人,平台采用的是抢单模式,即当借款需求出现时,距借款人50公里以内的借款人可以抢单。尽调人在实地调查借款人借款信息的过程中产生的交通及其他费用,如若借款成功则由借款人支付,如若借款失败则由平台支付。

　　线下尽调是辛苦且复杂的事,并且尽调结果直接影响到借款人、担保人和投资者多方的利益。如果尽调太苛刻,则会误杀个别本来有资质的借款人;如果太宽松,则会为担保人和投资人带来极大风险。因此能去做线下尽调的,一般都是一些拥有丰富风险控制知识的"老江湖"。

　　每一个尽调人的头像边上都有一个分数,显示着其能力指数。这个能力指数主要是由尽调档案、担保档案等以往他所做的尽调项目的靠谱率决定的。

　　比如,能力指数为802分的jack.chen总共抢单90笔,在尽调后进入众保且成功借到款的有38笔,占比42.22％。这38笔借款中,借款人逾期的有2笔,违约率为5.26％。而他过往担保(其中大部分是跟保)的项目有269笔,逾期的有

53笔,违约率为19.7％。可见他自己做尽调的项目要比别人做尽调的项目靠谱很多。别人给他的评价也是"耿直诚实""靠谱"。

再比如,能力指数为950的nwjr001,尽调成功的借款有42笔,逾期的有6笔,逾期率为14.3％,但这6笔已经全部得到垫付。相比之下,他过往担保(大部分是跟保)的项目共275笔,其中逾期的有57笔,逾期率超过25％。可见他自己的尽调比别人做得更靠谱。这个靠谱的尽调人不仅得到了其他担保人的认可,而且也得到了借款人的高度认同。在他获得的尽调评价中,一位借款人说:"昨晚的调查非常客观,没有一点自己主观的东西,可惜只有5颗星可以评。"此外,他还得到了"非常负责,增加了我的金融知识""尽调人不错,很尽职,给10分"等高度评价。

由于尽调人必须自己领保,并承担20％以上的担保责任,他们就会更有动力把控好风险,以免连累其他担保人和投资者。

由于钱小保们都无法了解到借款人的真实信用状况,因此他们要不要跟保,主要依据的是尽调人提交的尽调报告及其尽调能力。尽调报告的内容一般是诸如"收入稳定、还款能力强、家庭和睦、本地户口、已购房、配偶知晓并同意贷款"之类同意或不同意放贷的原因。

由于尽调报告只是单一事件,而尽调能力指数则是尽调人"过去的历史的总和",因此在钱小保们的眼里,尽调人的尽调能力比尽调报告更重要。

那些尽调档案健康、能力强的尽调人,能得到更多钱小保的信任和追随,因此由他们进行尽调的项目,往往能以更快的速度完成满额担保,因此也就更容易得到投资者的青睐,能让借款人早点拿到钱。

可以说,一个靠谱的尽调人,会使跟保人、投资者及借款人多方受益。

"你我金融"有一个类似于微信朋友圈一样的功能——"你我圈"。在这里,投资者、尽调人可以分享各自的投资和尽调经验。大家也可以互相加关注,也可以私聊,实现信息互享。

有一些尽调人在抢单做尽调之后,如果不是非常确定是否可以担保,就会先发信息到"你我圈"里,让有经验的钱大保帮忙参谋参谋,然后许多就会在评论区分享自己的经验。钱大保客观公正地给出尽调报告,不仅是对借款人、钱小保和投资人负责,也是对钱大保负责,还可以提升自身的担保能力指数。

此外,通过"附近的人""附近的群"功能,每个人都可以选择加入或创建自己感兴趣的投资群,丰富自己的社交圈。

不少钱大保都是企业高管,他们的收入很高,相比之下,做担保的收益其实微不足道。既然如此,他们为什么还要乐此不疲地去做担保呢?丰富社交圈、积累人脉是他们的一个很重要的动机。

大部分互联网金融公司的尽调都是通过电话的形式完成的,这样尽调人和借款人之间无法建立真正的连接。而在"你我金融"上,因为尽调是在线下面对面完成的,尽调人在尽调过程中表现出的专业性和责任心,常常令借款人感到钦佩。一旦尽调通过,借款人又会对尽调人充满感激。

有不少人在"你我金融"平台上借钱是为了创业,想想看,在尽调人经手过的借款人中,如果有一两个人以后创业成功了,他们岂会忘记当初的雪中送炭之谊?这样,这个成功的创业者就变成尽调人的人脉了。正是出于这样的考虑,有一些钱大保会开着宝马,热情高涨地到处去为几千块钱的借款做尽调。

有多名钱大保都表达出了做尽调"可以顺便结交各行各业的朋友""人脉广,生意才会广"的观点。在"你我金融"的创始人唐军看来,每个尽调人都是创业伙伴,他们就像是一家家"微型投资担保公司"。

因此,虽然现在"你我金融"的业务量还很小,做担保其实挣不了多少钱,但大家都乐意把它当成一项长远的事业来做。

TIPS

　　社交在金融中的功能，除了解决信任问题外，还可以降低道德风险。一方面，那些尽调档案健康、能力强的尽调人，能得到更多钱小保的信任和追随，因此，由他们做尽调的项目，往往能以更快的速度完成满额担保，更容易得到投资者的青睐，让借款人早点拿到钱；另一方面，担保人、投资者与借款人之间还形成了一种社交关系，通过社交链的制约进一步降低了借款人恶意欠款不还的风险。

向朋友的朋友、亲戚的亲戚筹集救命钱

　　2013年4月，笔者的表弟被诊断出结肠癌。在手术后的12次化疗中，他花掉了20多万元，这几乎是家里所有的积蓄。然而，在2017年5月的一个夜晚，他再次被剧烈的腹痛惊醒，经查为结肠癌术后复发，不得不再次做了手术。这一次他采用了互联网思维，在一个叫"轻松筹"的众筹平台上筹款。也正是在帮表弟筹款的过程中，笔者第一次体会到了这种社交众筹模式的价值。

　　"轻松筹"是独立众筹工具平台众筹空间发布的一款产品，是一个主打社交和轻量化的众筹平台。

　　进入"轻松筹"首页，点击左上角的"发起救助"，在填写目标金额、求助内容并配上相关照片后，求助帖子即可形成。

　　为防止爱心被滥用，"轻松筹"有一套严格的审核机制：发起大病救助项目的病人，必须上传本人手持身份证原件的照片，以确认病人的身份，还必须提供医院开的病历证明、医疗开销单据等。"轻松筹"和公安部达成了合作协议，公安部可以帮助审核个人信息是否属实。

每条求助帖都可以被分享到微信对话框、微信朋友圈、QQ空间和微博,利用求助人的多级社交圈进行传播。微信朋友圈是"轻松筹"求助帖最主要的传播途径,实际上大多数人都是通过微信朋友圈才了解到"轻松筹"的。

通过朋友圈进行分享的局限性是:求助者的一级人脉(相互之间认识,能直接对话)对帖子有信任感,而且由于他们跟求助者的关系比较近,更容易对求助者的遭遇产生同情,因此捐钱的积极性也会更高;但在帖子被一级人脉分享后,一级人脉朋友,即求助者的二级人脉,大都对求助者不够了解,他们甚至会对求助信息的真实性有所怀疑。这个问题要怎么解决呢?

这个时候,一级人脉的信用背书就很重要了。"轻松筹"平台设置了一个实名为他人证实的功能,即一级人脉可输入自己的姓名和身份证号,证明情况属实。笔者表弟的帖子共得到了87人的实名做证。

笔者在朋友圈分享那条求助帖时,还特别加了一句:这是我的表弟,我舅舅家的孩子,情况属实。笔者的朋友在看到这句话后,自然更愿意相信和支持。

最终,笔者的表弟总共在这个平台上筹到了26000元。浏览轻松筹的首页时我们发现,筹款金额在5万元、10万元以上的用户也很多。

轻松筹的首页还有"疾病大数据""当前爱心度""今日爱心大数据"等各种设置。2017年8月29日当天的数据是这样的:白血病、意外伤害、肿瘤的平均筹款金额分别为139814元、131206元和119514元;今日预计筹款1960万元,截至14点已经完成727.6万元;参与爱心帮助人数为18.98万,获得帮助项目6936个,单个项目最高筹款48万元。

而在以前,我们很难想象,有这么多普通人可以在很短的时间内向陌生人筹到这么多救命钱。

2016年6月,腾讯公益微信服务号与腾讯旗下的在线救助平台"WE救助"

联手推出了一种全新的公益玩法，即病患本人可通过在腾讯公益服务号的二级栏目"WE救助"中上传自己的疾病证明，将其分享给亲朋好友后，即可发起筹款。在30日后筹款项目结束时，可通过微信钱包提现。

从"WE救助"的玩法中不难看出，它是社交众筹与公益众筹的结合。一个有趣的事实是，"WE救助"的玩法与"轻松筹"非常相似，两者的共同点主要有：

其一，两者的模式都是病患发起项目后将其分享给亲友，通过社交圈进行扩散传播。正如"轻松筹"将自身定义为一个基于熟人圈的众筹平台，"WE救助"也是将项目发送给亲友进行扩散传播。

其二，项目审核、举报机制，包括实名认证、上传手持身份证照片、绑定患者本人或医院银行卡等运营保障制度，是"轻松筹"经过一年多时间探索并率先确立的，而这些在"WE救助"平台上得到了进一步完善。

腾讯"WE救助"借鉴了行业先行者"轻松筹"的经验与成果，从另一个角度证明了"轻松筹"在社交众筹行业的摸索和模式是有其合理性和前瞻性的。

但"轻松筹"并未就此停滞不前、坐吃山空，仍在不断改进和规范自我，挖掘用户需求。比如在大病救助项目上，为防止虚假病患筹款、骗捐等行为产生，"轻松筹"不断拔高审核准入门槛，组建了100人的项目审核团队，逐一查实发起者的项目描述是否与病历上的说明一致。

"轻松筹"还设有举报机制，一旦有项目被举报，审核人员会亲自向筹款人及其主治医师核实情况；若项目不属实，筹款将全部退回捐款者账户；若项目属实但举报人仍对项目存疑，举报人可申请退款。

此外，发起求助时初次填写的病人本人或医院方面的银行卡卡号，一经填写不得更改。

针对平台会不会从中截留资金的疑问，"轻松筹"为大病救助项目资金开了专门的银行账户。此账户与公司账户相互独立，无法向公司账户转账，并由中国建设银行托管,由安永会计师事务所负责审计。在发起人提出提现申请前,所有捐款都存在这个独立账户中。在提现前的二次审核通过之后,捐款将被打到发起人的账户中。

TIPS

> 　　虽然轻松筹传播的主要途径是朋友圈,但站在求助者的角度,他们最终收到的捐款大部分都来自于与他素不相识的陌生人。那么这些人为什么愿意给一个自己不认识的求助者捐款? 除了有爱心外,更重要的原因是,求助者是我朋友的朋友或我的亲戚的亲戚。在这里,我的朋友或者我的亲友成了连接两个陌生人的纽带,这条纽带使捐助者更容易对陌生人的遭遇产生同情心。同时,因为有我的朋友和我的亲友从中担保,捐助者也不大容易怀疑求助者是骗子,因而也更有动力慷慨解囊。

跟着牛人学炒股

听说别人炒股赚到钱了,自己心痒难耐,于是便在缺乏知识储备的情况下开了个账户准备去股市淘金,结果血本无归。从此以后,对股市有了心理阴影,谈"股"色变。这是很多股市新手的共同遭遇。

对新股民来说,避免走弯路的一个重要方式是在入门期找个老股民手把手教学。但门外汉的圈子里可能没有靠谱的炒股老手,即便有,人家也未必愿意带新手玩;去证券公司找一对一的投资顾问又太贵。因此,去哪里找师傅成了一大难题。

针对这些痛点,有人做了一个叫"一起牛"的投资类社交平台,将一大批炒股牛人聚在一起。新手可以加这些牛人为好友，关注他们的投资心得，也可以跟牛人们私聊。通过追随牛人，新手们可以学习炒股经验，也有了成为牛人的可能性。

"一起牛"上的炒股牛人分两种——证券公司的专业投资顾问和普通的炒股达人，其中以后者居多。粉丝可就个股分析、版块推荐、黄金走势预测等内容免费提问，所有牛人都可抢答。

在首页的投资广场上，免费提问栏目的在线投资顾问人数超过了400人，累计回答问题17000个左右。其中，北京亿群创投的投资顾问"他化自在天"最为活跃，他平均一天能回答15个粉丝的提问，这些问题及答案都在"有问必答"栏目滚动播放着。"有问必答"栏目采用了大数据匹配技术，投资顾问收到的问题都属于自己最擅长的研究领域，这保障了用户能够获得满意的回复。用户如果对某个牛人的免费回答比较满意，便可加对方为好友，成为他的粉丝。

那些未能通过免费问答进入用户视野的牛人，则可以通过平台的"牛人推荐"环节来吸粉。炒股新手点开某个被推荐牛人的主页，就可以看见这个牛人过往的工作、投资经历和他投资的成绩单（今年以来、近一个月及近一周的投资收益，选股胜率，平均持仓天数等），如果这些经历和成绩能入了该新手的"法眼"，便可选择加其为好友。

牛人们刷脸的另一种方式是在"我的投资圈"发表言论，表达自己对市场行情或相关政策的理解。这些信息都会显示在投资广场，并且每一条信息的阅读量都清晰可见。那些阅读量大的观点最容易引起关注。即便是某条观点的阅读量并不大，但只要某个用户看了特别喜欢，他也会选择加该投资顾问为好友。

投资新手在成为某个牛人的粉丝后，可以进入该牛人的粉丝群、指导体验群及收费的 VIP 群。群成员数量少则数十人，多则上千人。通过在群里围观，炒股新手可以对其他交易者的交易决策进行对比，并复制他们认为成功概率最高的方案。

首页还有个"组合风云榜"栏目，就牛人们的投资成绩按累计收益、近一月收益、最大回撤、胜率等进行排名。新手们在关注那些成绩最好的达人之后，可接受他们的实时交易提醒。此后，新手即使不做技术和基本面分析，直接复制这些牛人的投资组合，也有机会取得不错的回报。跟着有经验的老股民，能够帮助新手缓解担心亏损的焦虑感。

有的新用户可能会有疑惑：那些牛人靠谱吗？我凭什么相信他们？成为投资顾问或投资达人，需要向平台申请认证。认证材料不仅包括身份证等基本信息，还有执业类型、执业编号、从业年份、所属机构、擅长领域等，基本上只有资深投资顾问才有可能通过认证。

牛人和粉丝长期在一个圈子里互动，就会形成情感连接，进而形成情感制约、道德制约——因为都是圈中好友，要对自己的追随者负责，所以牛人的自律性会有所加强，遭遇少部分炒股牛人操控市场的风险较低。

站在粉丝的角度，如果他们在一个社交平台上的体验很好，也更愿意邀请朋友们一起来交易。粉丝可以将平台上的牛人观点分享到微信对话框、微信朋友圈、QQ 等社交平台，从而引导自己的朋友加入；也可以直接发送邀请链接。

通过"看看还有谁在"，用户还可以将自己手机通讯录中那些也在"一起牛"上玩的朋友找出来。在添加好友并查看主页后，你有机会接触到他身上隐藏的技能。由于能跟自己的朋友在同一个社区里交流投资经验，用户对平台的忠诚度自然会提高。

通过社交、组合的方式沉淀用户，这只是第一步。在未来，"一起牛"希望能够更加了解客户需求,构建用户场景。再通过场景熟悉每一位用户的属性,为每一位用户提供更加精准的投资信息,进而将自身打造成移动互联网时代的财富管理平台。

📎TIPS

　　牛人和粉丝长期在一个圈子里互动,就会形成情感连接,进而形成情感制约、道德制约——因为都是圈中好友,要对自己的追随者负责,所以牛人的自律性会有所加强,遭遇少部分炒股牛人操控市场的风险较低。

第十三章

地产+社交：从跟邻居做朋友到跟朋友做邻居

❖ 通过引入社交机制将住户与住户连接在一起，能让住户在社区里找到真正的归属感。住户在社区里找到归属感之后，便有动力拉动自己的亲戚朋友来这里置业，跟自己做邻居。

邻居，不再是最近的陌生人

在小区里生活了很多年，却不知道邻居姓什么；孩子有一大堆的玩具，但却没有机会去结识周边的小伙伴；家里的老人已经成了城市的"新移民"，却没有属于自己的活动场所和交互空间……这正是大多数城里人生活的常态。

社区缺少温度，让住户找不到归属感的症结往往不是因为房子不够豪华、小区景观不够漂亮、建筑外墙不够华丽，而是缺乏供人们进行社交的场景。针对这一痛点，一些思路开阔的开发商或服务商正尝试着通过引入社交机制，将住户与住户连接在一起，让住户能在社区里找到真正的归属感。

说到地产项目中的社交元素，很多人的第一反应可能是建个咖啡馆、酒吧、高尔夫球场或高端会所，这就太简单了。提供社交场所只是构建社交最原始、最简单的一步，而德信地产、奥伦达部落、阿那亚旅游度假村和YOU＋国际青年社区则使住户之间通过共同的兴趣爱好建立起深度连接。这些住户不仅在一起玩,还可能成为生意上的合作伙伴。

根据马斯洛需求理论,在居住体验上,当人们满足了生理需求和安全需求之后,就会寻求更为高级的社交需求,比如和谐温馨的人际关系。

显然,这种更高级的需求是无法通过一个好的户型、一个精美的园林来满足的,让邻里之间互动起来才是关键。因此德信地产提出了"彩虹桥计划",以社区为切入点,以人的需求去塑造产品,通过唤醒社区空间,连接家人与家人、邻里与邻里,乃至家与城市。

德信彩虹计划的五大体系既有针对儿童的"七彩童梦"、针对中青年业主运动健身和社交需求的"风华缤纷"、针对老人的"幸福颐养",还有针对所有业主的"绘梦园彩"以及"趣活乐享"。投业主之所好,让各年龄段的业主都能找到自己的专属天地,才能让他们有参与的积极性。

被业内赞为中国社群四大神盘之一的奥伦达部落为业主打造了足球聚落、话剧社、诗社、小海舞团、合唱团、花友会、油画聚落、高尔夫聚落等等上百个聚落,将一群有共同话题的人连接在一起。

奥伦达部落的业主多为知名大学的教授、在全国乃至世界都声名赫赫的医生、顶尖律师、顶尖画家、中央电视台主持人、明星导演、歌唱家、红二代、企业家、地产老板等,这些人不仅多才多艺,更是各个领域的意见领袖。奥伦达部落通过社群的经营,使得这些意见领袖产生了"一旦加入就会收获知音无数,错过一次活动都会心里痒痒"的感觉。这里没有陌生人,更不会让业主"好山好水好无聊"。

本质上讲,奥伦达部落既不是开发商,也不是服务商,而是一家面向财智人群的"幸福运营商"。那些在这里找到了幸福感的业主们自然不忘知恩图报,奥伦达超过 90% 的房子都是通过老业主的介绍卖出去的。

秦皇岛阿那亚旅游度假村既跟奥伦达有雷同,但又有很多创新之处——很多业主都成了阿那亚事业的合伙人、股东，阿那亚每赚一块钱，也有他们的一部分，因此他们帮助阿那亚拉新的动力更大。而在潜在业主的眼里，老朋友的信用背书，显然比广告更靠谱。

有跟邻里社交需求的当然不限于精英圈，草根们跟邻居交朋友的愿望也毫不逊色。

在看电视剧《欢乐颂》的时候，很多人都很向往能在合租的房子里面遇上樊胜美、安迪这样的真心朋友。事实上，这两年兴起的长租公寓为一些白领实现这一梦想提供了极大的可能。

YOU＋、自如、魔方公寓等长租公寓的基本运营思路都是压缩公寓内部的公共面积，扩大租客的共享空间。在十几、二十平方米的房间内设有休息、洗浴、餐饮等空间，这些都是共享的。社区内还开辟了多种聚会、视听、工作等公共场所，年轻租客离开自己的小空间就可以开展社交活动，租金也可以承受。

为了撮合与营造公寓的社交属性，YOU＋公寓实行"三不租"政策，即45岁以上人群不租，有小孩不租，不爱交朋友不租。更为奇葩的是它的社交考核制度，即每个月要认识10位公寓内的朋友，并且必须参加一次社群活动。

对比YOU＋公寓严苛的租客社交章程，蘑菇公寓显得相对宽松一些。作为分布式公寓的典型代表，蘑菇公寓只是把租客们的性别、星座、爱好和工作公之于众，以防止不爱射手座的偏偏遇上，头疼处女座还要与其住在同一屋檐之下。

2016年春节，魔方公寓举办的除夕包饺子、元宵煮汤圆等活动，满足了漂泊的异乡人对心理意义上的"家"的渴求感。

虽然也有很多住户反映长租公寓的居住体验并没有原本设想的那么好，但不可否认的是，这些公寓确实笼聚了一批差不多年纪并有望碰撞出火花的人。打通居住和圈子，让房子不再是简单的钢筋水泥盒子，而是一个家，这将成为未来公寓发展的必经之路。

买个高端圈子，你想要的就都有了

"买高端住宅，买的不只是居住环境，还有圈子。"这是地产界一个亘古不变的真理。但高端圈子究竟是怎么个玩法，不同的地产商有不同的答案。

在河北秦皇岛南戴河边上的阿那亚旅游度假村把业主组织在一起玩起了社群经济，业主们不仅乐意为阿那亚的项目规划建言献策，而且还在吃喝玩乐的时候顺便把生意做成了。每个住在阿那亚的业主都在心中感念阿那亚的好，因此他们常常自掏腰包请外地的亲友来阿那亚游玩，建议他们也在这里买房，跟自己做邻居。在阿那亚，有超过 90% 的房子是通过这种方式卖出去的。

阿那亚"师从"北京的奥伦达部落，却青出于蓝而胜于蓝，在地产界玩出了社群经济的最高境界。

阿那亚第一次出现在公众视野里是在 2015 年 5 月。那段时间，微信大号"一条"发布了一条名为"全世界最孤独的图书馆"的短视频，该视频的播放量达到了数百万。画面中，这座建筑面积只有 450 平方米、独自伫立在空旷的沙滩、面朝大海的图书馆，恍若位于世界的尽头。

一瞬间，这座"全世界最孤独的图书馆"就变成了"全世界最热闹的图书馆"。数以千万计的文艺青年从东北、海南等各地飞到这里来"朝圣"。访客最多的一天，这座承载人数上限为 80 人的图书馆接待了超过 3000 人。

这个全名为三联海边公益图书馆的建筑实际上是阿那亚地产公司与三联韬奋书店合作，为阿那亚的业主们建造的配套设施之一。事实上，在阿那亚，业主能享受到的配套设施不仅有图书馆，还有生态农场、教堂、高尔夫球场、酒吧等。与传统地产业相比，阿那亚的定位是：为那些怀有"边享受边赚钱"的生活理念的年轻中产者提供一种生活方式。

阿那亚的客户定位不同寻常，阿那亚的品牌总监田海成说："我们主要从精神维度来定义客户。也就是说，对阿那亚的业主来说，财富和价格不重要，对人生和生活有着不同寻常的理解与追求才重要。谁认同我们倡导的这种价值主张，谁就是我们的目标客户。"

在这样的客户定位下，阿那亚以"情怀＋温度"为核心竞争力，竭力为客户营造出一种归属感。

从 2014 年年底开始，阿那亚开始建立业主群。阿那亚建业主群最初的目的仅仅是为了更便捷地解决一期交房时可能出现的各种质量问题，防止业主出现大范围的退房。没想到的是，在随后两年多的时间里，这个微信群从处理投诉转变为了业主的交流平台，如今，阿那亚满 500 人的业主群已有三个。

业主们还自发分化出 48 个子群，子群主题遍布公益、话剧、读书、亲子、时尚、投资、美食、团购等各个领域，还包括业主之间的互助群。即使在秦皇岛的旅游淡季，大多数海边的酒店、饭店、商业、酒吧都已经关门，阿那亚酒店也时常爆满，有几十个业主的小朋友在表演节目，还有业主自发组织在北京八一剧院演出话剧《八个女人》。

这个时候，业主会发现在买了这里的房子之后，还同时拥有了一些亲密的邻居、聊得来的朋友，而这个是目前在所有城市当中都很难获得的体验。实际上，阿那亚社群文化就是为了重塑传统的亲密邻里关系，找回童年或家乡的记忆。

不仅是业主之间像亲友一样温馨地相处，业主与阿那亚之间的关系也很令人羡慕。

当初在建第一个业主群时，阿那亚董事长马寅亲自任群主，接待业主大事小情的咨询和投诉，同时保证第一时间解决问题。后来即便是群多了马寅顾不过来，群主也都由阿那亚的工作人员担任。在这里，任何人都可以发表意见、任何事都可以拿来讨论，并且所有的意见都能快速得到回应。

很多业主通过在微信群里的讨论直接参与了小区配套设施的规划。比如，有业主对美术馆的功能表示异议，于是开发商将其改成了可以在里面吃早餐的美术馆。又比如，在小区里建教堂、观鸟屋、剧场，也都是业主们的建议。

因为很多业主同时也是企业主，因此他们可以成为阿那亚事业的合伙人。比如，阿那亚要建一个酒店，需要投资 6 亿元，开发商在先期投入后，有业主说喜欢这个项目并且对这个项目很有信心，就拿出几亿元来投资，成为合伙股东。这不仅加快了酒店的开发进度，也减缓了阿那亚方面的现金流压力。

阿那亚的所有工程，在同等条件下都优先给业主来做。大到酒店，小到超市、社区内的咖啡厅、甜品店、服装店等，都是阿那亚和业主合作建设的。这时候你会发现，成为阿那亚的业主不仅仅获得了一所房子，还获得了一个事业发展的平台。

在 2016 年的地产自媒联盟年会现场，阿那亚董事长马寅的开场白是这样的："阿那亚不是一个地产项目，它是孤独自习室、梦想收纳馆、男人玩具屋、一个男人的教堂，更是一群三观类似人群的一个把玩平台。"

是的，阿那亚最核心的东西不是房子，而是房子周围的场所和这些场所所承载的内容，以及最终在这些场所和内容之上升起社群的价值，"软的东西才是最打动人的"。

当客户真的认可你，甚至愿意成为你的合伙人，你还担心他们不帮你卖房子么？

阿那亚的业主 90％以上不是秦皇岛本地人，绝大部分都是从北京过来的。但阿那亚给了他们家的感觉，让他们很有归属感。因为好东西要跟自己最亲密的人分享，所以阿那亚的业主们总是建议身边的朋友来阿那亚买房。新业主会带他们的朋友来，一带就十几个、几十个，简直像极了旅游团。客户很难相信销售人员，却很容易相信朋友。所以尽管阿那亚二期定价在每平方米 18000 元以上，单价是周边项目的两倍,总价在两三倍以上,但客户的推荐购买率高达90％。

阿那亚连续量年销售额占据南戴河、北戴河所有度假地产项目销售额的80％,但是它的营销费用还不到1％,几乎没做什么广告(每年仅投入300万元)。他们把钱花在了业主身上,业主又反馈给社区,反馈给开发商。这是最美好的营销模式。

(本文引用了商联中心副总经理王忠的《从地产社群阿那亚看如何玩转旅游度假小镇》一文中的部分内容。)

TIPS

> 1. 共同的价值观是一个社群得以建立并持续发展的基础。阿那亚主要从精神维度来定义客户。"财富和价格不重要,对人生和生活有着不同寻常的理解与追求才重要。谁认同我们倡导的这种价值主张,谁就是我们的目标客户。"
>
> 2. 通过阿那亚组织的社群,业主和业主之间成为朋友,并成为事业上的伙伴。业主还参与了小区配套设施的规划,阿那亚的项目,同等条件下优先选择交给业主去做,这样业主也成了阿那亚事业的合伙人。

不爱交朋友的我们不租

通常我们去租房的时候,房租往往对租客的卫生习惯、是否有小孩和宠物有要求。但有一家有互联网背景的公寓"YOU＋国际青年社区"(以下简称YOU＋社区)却向租客提出了"45岁以上的不租,结婚带小孩的不租,不爱交朋友的不租"等几大"奇葩"要求。

这几则奇葩标准的背后是"房东"筛选出调性一致的租客、让大家在一起好好的做朋友的心愿。在这里，所有的租客都被称为"家友"，大家像家人一样相处。

YOU＋社区的商业模式其实并不复杂，简单地说就是先从开发商手里租下整栋楼，将其重新改造之后向青年人出租，并营造和维护亲密友爱的社区氛围，让年轻人把心安在 YOU＋社区。

作为国内最早的社交型公寓，YOU＋国际青年社区在居住功能之外，更强调人与人之间互动所产生的化学反应，比如归属感、新鲜度、商业机会等。为确保租客之间能产生"化学反应"，除了前面提到的奇葩"三不租"标准外，YOU＋社区还推行了更加奇葩的"YOU＋136"考核制度：一个月内必须至少认识公寓内的 10 位朋友，3 个月内必须参加至少一次社群活动，6 个月内没有受到其他房客的重大投诉。

这个"136"考核制度可不是随便说说，YOU＋社区是动真格的。据 2014 年大学毕业就住进 YOU＋广州凤凰店的租客蔡煜反映，每年年中，家友都会收到一张表格，需要在上面填满 10 个住户的名字、职业、籍贯，如果填不满或者没有及时交就要解除合约。结果有很多人到跑去邻居家串门，让别人帮忙填表。每个楼层还会投票选出"最受欢迎家友"和"最不受欢迎家友"（允许弃权），后者也会被要求解除合同。

事实上，"三不租"也好，"136"也罢，这些租客筛选方法看似残酷，但却是行之有效的精准漏斗，真正保证入住 YOU＋社区的"家友"是同一路人，YOU＋是只属于社交型的年轻人空间。

家友的数量多了，就需要一个比较大的公共空间。YOU＋社区在规划之初就考虑到了这一点：从每个房间里省出一点空间，最终做出一间 300～500 平方米的大厅，并配备了吧台、沙发、桌球、迷你影院、健身房等。

YOU＋社区自发组织了很多圈子,大大小小有 100 多个。那些喜欢交朋友的年轻租客不必每天下班后就锁在自己的房间里,可以在大客厅跟自己圈子内的家友聚在一起聊天、看电影、打桌球,时不时还会有各种分享会、生日派对、节日派对。

此外,YOU＋社区每个月都会举行很多社区活动,包括"五同聚会"(同星座、同乡、同专业、同楼层、同爱好)、家友的生日派对等。公寓的天台还特意建了两座烧烤炉,让年轻人充分感受到生活的乐趣。

YOU＋社区所做的这一切极大地提高了住户的黏度,让家友有很强的归属感。

有一天晚上 10 点多,住户蔡煜下班回来发现周围楼房的灯都亮着,只有自己住的 YOU＋公寓一片漆黑——停电了。租客们都跑下楼,在公共区域点了蜡烛,一同玩起了《三国杀》,一直玩到凌晨 3 点多。蔡煜想:如果是一个人住在这儿,谁也不认识,那么停电就会让人抓狂。

YOU＋社区的创始人刘洋发现,在 YOU＋社区里有 20％～30％的家友是创业者,YOU＋创业社区的出现也就顺理成章了。YOU＋社区的创业者每天晚上都会在大厅里讨论自己项目的进展和技术难题,很容易迸发出灵感的火花。更重要的是,家友里有法律、营销、互联网、编程等领域的人才,一旦资源整合起来,就能产生"1＋1＞2"的效应。

刘洋认为传统的房子往往是冰冷的,邻里之间彼此互不相识。而 YOU＋社区模式的核心就是要把大都市的青年与圈子连接在一起,"把冰冷的公寓改造成暖烘烘的社区,把都市青年之间的冰块融化,最终营造出人与人之间可信任、可交流、可互助的线下平台"。

但 YOU＋社区也并不完美。在知乎上一条名为"在 YOU＋国际青年公寓入住是怎样一番体验?"的提问下面,19 个回答的总浏览量超过了 19 万次。曾经在 YOU＋社区居住过的家友对 YOU＋社区毁誉参半。

前家友的吐槽主要针对这几点：YOU＋社区组织的互动缺乏新意，很多家友不愿参加；人员流动性太大，你跟某一个家友刚熟悉没多久他就搬走了；隔音效果不好；虽然交了相当于房租 10％的物业费，但使用厨房的时候还是要额外缴费；部分家友素质太低，如使用完公共厨房不搞卫生等。

而虎嗅网在调查后也发现在部分 YOU＋社区里，"三不租"原则形同虚设。在实际操作中，公寓很难以"你不属于我们的目标用户"为由婉拒看房者。此外，YOU＋社区也住着不喜欢参加聚会的白领，甚至还有陪读家长。所以，YOU＋社区口口声声说要对租客进行严格的面试筛选，无非也是走个过场罢了。虎嗅网进而提出质疑，对价格相当于市场价 1.5～2 倍的 YOU＋社区，大学毕业生还有没有选择的必要。

但对 YOU＋社区这种新事物，我们不必过于苛责，无论如何，YOU＋社区在社交公寓上的积极探索是应该受到肯定的。毕竟连上文中提到的那个在"知乎"上列出 YOU＋社区十大罪状的前家友也不得不承认，是在 YOU＋社区的群体生活，让他养成了运动锻炼和良好的饮食习惯，"这个对我后来的影响很大，也让我十分感激"。

（本节部分内容摘引自明源品牌总监潘勇堂发在《地产总裁内参》上的《YOU＋创始人刘洋：打通"居住＋社交＋创业"三个圈子》一文。）

TIPS

"三不租"也好，"136"也罢，这些租客筛选方法看似残酷，但却是行之有效的精准漏斗，真正保证入住 YOU＋社区的"家友"是一路人，YOU＋是只属于社交型的年轻人空间。

跟谁住一起，比住在哪里更重要

YOU＋社区和自如单身公寓对于刚毕业不久、薪水不高的年轻人来说是奢侈品——他们大都只能跟别人合租。有过合租经历的人，大都有一把辛酸泪，比如放在冰箱里的水果总是不翼而飞、室友做完饭后不清理厨房、客厅及卫生间等公共区域的卫生没人打扫等，甚至因为室友人品有问题而被迫搬家的也比比皆是。

对合租者来说，跟谁做室友要比住在什么地方更重要，对女生来说尤其如此。在发现了这一痛点后，做电商出身的连续创业者王颖开发了名为 Miss F 的合租平台。

Miss F 的定位是帮女生找室友。进入 Miss F 小程序的首页，用户会看见距自己一公里以内的房源及价格。这些房源都是二房东发布的，求租者限定为女生。

其实王颖的初衷只是帮租房者省去中介费，并没有将 Miss F 定位为女性合租社交平台。但她的一个做产品经理的朋友建议，如果把用户锁定为女生，定位会更精准。"合租最重要的是安全问题，对女生来说尤为如此。如果求租者全部是女生，至少不会发生太恐怖的安全事件，舆论也不会对平台说三道四。"

通常二房东在发布房源信息的时候都会注明自己的爱好，也会提出对合租者的要求，租客觉得条件匹配，可以私信跟二房东交流。

下一步，王颖打算增加一个"大五人格测试"环节，新用户需按提示输入自己的星座、职业、喜好等个人信息，系统会自动推荐跟她匹配度高、合得来的二房东。

不过，再合得来的室友也会有不合的时候。比如如果租客要搬家，但租期没到，押金就没了。王颖觉得，两三千块钱的押金对刚毕业不久的年轻人来说不是个小数字，很多人也不是故意违约，他们确实是有难言之隐。因此，Miss F 便考虑为用户提供违约保障——租客把房子委托给平台，平台去转租，并补贴给租客 50％～100％的违约金。这样租客在搬家的时候就不会因为押金的事情而跟室友闹得不开心了。

当然，如果租客跟二房东之间只是合租关系，那 Miss F 就跟传统的中介没有什么区别了。在王颖的设想中，租客跟二房东之间应该成为互帮互助的朋友。

通常刚毕业的学生遇到问题，除了求助于同学、学长、学姐，就没有别的人可以找了。如果能像《欢乐颂》中那样跟合租的海归室友、高级 HR 等打成一片，刚离校的日子应该会好过得多。因此，Miss F 在未来的一个规划就是推动室友社交，让合租者们的关系网超越校园圈。

让一群女生最快速熟悉起来的最好办法就是创造机会让她们在一起聊聊美食、化妆品和衣服。Miss F App 上的热门话题和热门圈子都围绕餐饮、服饰、美妆、吐槽、面试、职场、二手闲置物品置换等女生感兴趣的东西展开。

很多年轻女孩受到挫折后情绪低落，不肯对家人说，而她们又需要倾诉。这个时候，社区里如果有个大姐姐能成为她的知心人，和她分享心情，原本陌生的人之间就有了来往，慢慢地，社交关系就建立起来了。

"别的平台只解决租房的问题，但我这里不仅帮你租房，还照顾你的租后生活。"王颖说，Miss F 中的 F，是英文单词 Fun 的缩写——既是"房"的谐音，又有"快乐"之意。

现在，Miss F 还只是一个平台，2018 年，Miss F 会推出自营的房源，将其分租给女生。装修风格会参考《欢乐颂》中那几个女生的合租公寓，因为这样才有家的感觉。当然，家的感觉并不是看房子装修得怎么样，而是看室友之间相处得怎么样。

　　在笔者去采访的时候，Miss F 刚上线不到两个月，还没有拿到融资，但王颖却对未来很乐观。在她看来，能用社交关系解决合租中的问题，这个创举本身要比它未来的前途重要得多。

TIPS

　　租客以往大都是通过中介或房东租房，新租客在住进去之前，连室友的面都没见过，更谈不上了解了。他们往往只能等到住进去之后才发现与其他租客合不来，经常为一些鸡毛蒜皮的事闹别扭，这种事情并不鲜见。在 Miss F 的模式下，合租变成了找室友，在新租客搬进去之前两人已经见面聊过，甚至对对方的生活习性、爱好也有所了解，以后相处起来就会融洽得多。并且 Miss F 官方组织的社群运营活动也能让这些室友之间产生更多的连接。先通过情感连接留住用户，然后再考虑商业化，这个思路完全没有问题。

第十四章

总结

不能晒就不值得做

拍完婚纱照,迟迟收不到照片,女人们往往很抓狂:"我还等着发朋友圈呢!"是啊,如果不能发朋友圈让朋友看见,拍婚纱照还有什么意义呢?

男人"秀炫晒"起来当然也毫不逊色,晒运动装备、晒运动过程、晒肌肉、晒汽车、晒机场、晒论坛……这些是男人的偏爱。

像百词斩这种利用人们"炫秀晒"心理来刺激广大青年背单词的产品,则是男女通吃的。

去某处旅游,一定要在标志物前拍照,也是同样的道理。不拍照,别人怎么知道我来过这里呢?

更常见的现象是,聚餐的时候,尤其是在比较高档的地方吃饭,菜上来之后,很多人往往顾不上吃,而是先拍照片发到社交网络上。

似乎晒给别人看,是做事情的终极意义。

有人说,但凡秀美食、秀旅行、秀名牌者,往往自认生活品质高人一等,晒照片是带朋友们见见世面,顺便宣告"姐的人生和你们已不是一个层级"。

笔者曾开玩笑说,在社交网络上,"装"是第一生产力。其实还可以进一步说,在所有包含了社交元元素的产品中,"装"都是第一生产力。

笔者曾经跟几个朋友一起讨论过一个问题:95 后和 00 后为什么更偏爱 QQ 而不是微信?大家给出的答案有很多,其中有一条很有意思:相对封闭的微信无法满足这些孩子对"炫秀晒"的需求。

笔者曾亲眼看见一个 95 后发的"QQ 说说",获得了 960 个赞和上千条评论。他联系人列表里的所有人都可以看到这些数据,他会因此产生一种特别强的荣誉感。而如果他是发在微信朋友圈这个相对封闭的空间，每个旁观者只能看到他和楼主共同好友所点的赞。或许他在微信朋友圈也能收获960个赞，但他的朋友们往往看不到这么多。

所以对那些更喜欢"炫秀晒"的年轻人来说，QQ空间的开放性更能彰显他的个人魅力。

彰显自己的格调、向别人展示自我并以此来赢得别人的认同或羡慕，也是消费者在社交网络上分享和推荐一款产品的主要动机。

因此商家要考虑自己的产品如何才能给消费者带来荣誉感，让消费者觉得使用你的产品能提升自己的格调。只要能提升格调，他们就会自发地帮你推广宣传。

这个格调不仅可以显示出当事人真的优秀、过得幸福，而且还可以"做伪证"，满足用户的虚荣心。关于这一点，那些在不爱运动的人中也流行开来的运动软件是绝佳的例证。

在2017年年初的几个月里，共享单车的补贴战让用户烦不胜烦。起先是OFO每隔几天就发一条周末免费骑行的短信给用户，而摩拜单车更是有过之而无不及，不仅动不动就发一些红包奖励的短信，而且连扫码的界面也改了。每次在摩拜上扫码开锁的时候，用户一不小心就会触碰到分享赚红包和免费骑行的按钮。

当年滴滴和优步打补贴战的时候，尝到甜头的用户发现每次打车竟然能省几块、十几块甚至几十块，于是开始奔走相告，这就有了口碑效应，滴滴和优步的用户数在补贴战下暴增。

然而我在自己的朋友圈里输入关键词"摩拜单车30天免费骑行"，记录为0。也就是说，共享单车的免费骑行广告很少有用户愿意分享。可以说，免费骑行让摩拜损失了不少利润，但并没有为它带来多少稳定的新增用户。

这件事带来的启示是：试图通过用户的社交圈传播的产品，一定不能有损用户的格调。

在网上有很多类似于"怎么发朋友圈才显得低调奢华有内涵""高情商的人，都这样发朋友圈"的文章，都是在教读者如何在社交圈既彰显格调，又避免丢人。

一款产品只要能满足用户这两个方面的需求，就具备自传播的能力，并且自传播能力的强弱往往跟对用户该需求的满足程度成正比。相反，不能满足用户这方面需求的东西都很难通过社交传播成为爆款。因此，如果你的移动互联网产品看重流量、看重用户活跃度，你就得在产品设计中考虑如何最大限度地调动起用户"炫秀晒"的积极性。

TIPS

1. 在社交网络上，"装"是第一生产力。其实还可以进一步说，在所有包含了社交元元素的产品中，"装"都是第一生产力。

2. 商家要考虑自己的产品如何才能给消费者带来荣誉感，让消费者觉得使用你的产品能提升自己的格调。只要能提升格调，他们就会自发地帮你推广宣传。

3. 试图通过用户的社交圈进行传播的产品，一定不能有损用户的格调。

草根，一个值得挖掘的金矿

互联网界有个规律是"得草根者得天下"，这一点在社交领域格外适用，因为普通网民对互联网有更迫切的需求，整个草根群体都是值得移动互联网创业者挖掘的金矿。

除了微信和 QQ 这类全民通吃的产品外，主流的移动互联网产品几乎都将消费能力较弱和学识也相对不足的社会底层人群排除在外。无论是微博、豆瓣、人人网还是陌陌，用户基本都有大学以上学历（含在读）、收入尚可等共同特征，这样的用户群算得上是广泛意义上的精英阶层了。即便是在比较大众化的微信上，能玩得转微信公众号的，也基本都有语言能力的门槛。

精英，尤其是知识精英，有一种与生俱来的傲慢，喜欢居高临下地审视别人的品位。2016 年夏季，第一次把社交软件"快手"带入公众视野里的《残酷底层物语：一个视频软件的中国农村》就体现了知识精英的这种心态。由于这篇文章造成的影响实在太大，以至于很多人至今对"快手"的印象还停留在"直播吃大粪、生吃虫子"的层面。恶俗已然成为"快手"抹不去的标签。

直到有一天，在朋友圈看到老家的一个很尊敬的长辈发了一张停车的照片，笔者才突然开窍难道只允许有知识的人在朋友圈发文章、发段子找存在感，却不允许别人发个普普通通的生活镜头吗？普通人虽然没有过人的才华，不会写文章、不会摄影，难道就没有权利刷存在感了吗？在"快手"上发布视频和图片的人也是同样的道理。普通人也有表达自身和寻求认同的需求，在这个层面上看，他们无论发了什么，跟知识分子发一段深刻思考内容的意义是一样的。

在很多社交平台、短视频和直播平台，大量明星、意见领袖和美女帅哥掌握了话语权和注意力资源。但在"快手"上脱颖而出的却是一批草根平民。他们是轮胎修理女工、开吊车的女司机、开挖掘机的农村青年……一个 00 后打工小妹每天用"快手"直播自己的工作日常，吸引了 15 万粉丝，很多人在直播间排队给她留言：嫁给我吧。

大量普通人借助"快手"，实现了自己的阶层跃升。比如快手第一红人"MC天佑"之前就是个游戏人生的社会青年，但在"快手"上却拥有 2000 多万粉丝，他的说唱成名歌《女人们你们听好了》击中了很多"快手"用户。

不难理解，一个文化程度较低、见识较少的民众在以精英为主的传统互联网渠道，一是没有存在感，二是经常被嘲笑和排挤。而在"快手"上，他们无所畏惧地展示自己的个人生活,并有相当多的用户以友好、平等、宽容的心态来对待他们。

相比其他短视频平台,"快手"更像是一个社交网络,外人很难想象这里有多少草根用户把自己的关注留给了周围同一个社交圈的人。这些人对"快手"打出的宣传语——"每个人都值得被记录"深表认同。

关注到这个在现实中不太得意、缺乏表达机会的边缘人群,恰恰是"快手"成功的关键原因。"快手"合伙人曾光明说:"这个群体在总人口中占比80%,而精英只有20%。"

2017年6月,发生了这样一件事:在成都某公交站边,两个19岁的男孩在某直播平台上现场直播了自己用弹弓射击边上4个玻璃护栏的全过程。这一破坏性举动很快被警方发现。但当警方抓获他们并审问原因时,他们的回答却令人啼笑皆非:我们玩了一段时间"快手"直播,但没有粉丝,无法引起关注,希望通过直播射击玻璃护栏的行为上一次热搜,成为网红。

从网上的视频来看,他们玩的直播软件正是"快手"。而这两个男孩都是不久前刚从彭州农村来成都打工的,属于"快手"的精准用户。

"快手"的案例可以给我们这样一个启示:在20%的精英人群在各细分领域的社交需求已经被满足得差不多的情况下,再围绕着他们做生意就很难成功了,但如果能把关注点移向其余80%的人群,也许更容易闯出一番天地。

一个可以佐证的事实是,正如我们在前面的章节所分析的,游戏、直播的粉丝也主要是草根人群。对一些在现实中过得并不如意的人来说,游戏世界已经成为他们的"第一人生"。

面向社会草根阶层的社交产品(或带有社交功能的产品)更容易取得成功,主要有以下几个原因:其一,草根用户在现实生活中的社交往往比较缺失,或者根本就没有社交,缺乏存在感,心情压抑,因此在网络上表达自我的需求更强;其二,社会草根群体人群自卑感强,因此更需要得到别人的认同,而寻求认同的一个重要方式，就是多将那些自己认为有可能得到别人认同的内容分享到社交网络上；其三，草根群体的时间价值（机会成本）比较低，所以有更多的时间投入到社交网络上。

这些因素意味着聚焦草根群体的社交产品或带有社交功能的产品不仅不缺用户，而且活跃度还更高，这必将带来自传播能力极强、流量获取成本低的结果。

还有几点需要补充说明。

首先，在社会草根群体占据主流的社交平台上，如果用户一直发表深刻的内容，那回应的人就会很少；但发布关于美食、风景的内容，回应则会非常多。这是因为互动门槛的高低造成的。平台运营者由此应该得到的启示是，在流量分发上，要多向中低端内容倾斜，如果把重心都放在高端内容上，很容易曲高和寡。

其次，草根人群的时间价值低，而高端用户的时间价值高。很多社群运营者增强用户黏性的秘诀是多互动、尽量回复用户的每一条留言。这种做法基本只对草根人群才有效果，精英用户根本不吃这一套，平台互动太频繁，用户反而会觉得是干扰。因此对草根人群要加强运营，但对精英用户的运营要适可而止。

还有一些人，他们并不是一般意义上的草根群体，但他们对社交网络的需求格外大。

首先是在日常生活中得不到满足和快乐、亟须宣泄情绪的普通人。

"每一种心情都有被倾听的必要，每一个你都有相互取暖的力量。"在登录陌生人社交 App"秘密"的过程中，界面中出现了这样的广告词。

打开"秘密"，热门帖子多是"如果你的男朋友很穷""老公的隐私，你偷看过吗""跟老公吵架怎么办""胸小好自卑""摊上个恶婆婆怎么办""失恋了"之类的内容，看来，这里的用户多是一些有着各种困扰的人。

每条帖子的阅读量从几百到上万次不等，回复人数少则数十个，多则上百个，互动率很高。

虽然"秘密"在经历 2014 年刚上线时的一夜爆红后很快就沉寂下来,用户增长停滞,也没有找到清晰的商业模式,但从每条帖子下面极高的回复率看,不快乐的人在一起抱团取暖的需求还是很强烈的。我们暂且抛开盈利方式不谈,"秘密"对用户的定位是值得借鉴的。

其次是不善于社交的人。

内向的人在日常的生活中容易遭受误解、居高临下的同情甚至是歧视,在社交场合他们也表现得比较被动。

在社交网络出现之前,内向的人离社交比较远。而在社交网络时代,由于现实中人际关系的失败或者自命清高,内向的人更有动力在网络上去寻求社交支持。此外,由于内向的人更能静下心来思考,因此与外向的人相比,他们往往具备更强的内容生产能力,因此也就更容易成为"大 V"。

可以说,内向的人为社交网络贡献了更多的流量。

等你从这些草根群体的强大传播力中受益了,你会发现,原来在网络上,他们才是真正的第一生产力!

TIPS

1. 一个文化程度低、见识又少的草根民众,在精英为主的传统互联网渠道,一是没有存在感,二是经常被嘲笑或排挤。只有在"快手"上,他们才能无所畏惧地展示自己的个人生活,并有相当多的用户以友好、平等、宽容的心态来对待他们。

2. 在 20% 的精英人群在各细分领域的社交需求已经被满足得差不多的情况下,再围绕着他们做生意就很难成功了,但如果能把关注点移向其余 80% 的人群,也许更容易闯出一番天地。

3. 内向的人为社交网络贡献了更多的流量。

要么有趣，要么有用

在本书快要结束时，回顾前面的章节会发现，被嫁接到移动互联网产品上的社交基本上都不那么纯粹，各有所图。

其实，社交功利化并不是移动互联网上特有的现象。传统的线下社交也有其目的性——不仅商务宴请这种高大上的社交会把"功利"二字写在脸上，就连最原始的打感情牌的"走亲戚"，实际上也充满了功利色彩。

笔者曾在《为什么读书越多的人越不喜欢走亲戚》一文里讲到，"走亲戚"的传统是怎么形成的呢？笔者认为它最初应该是一种民间的互助体系。比如亲戚家遇上红白喜事，大家都会热心送上份子钱，这样有朝一日自家遇上同样的事情时，亲戚也会帮衬。

"份子钱"究竟是怎么来的呢？根据陈志武在《金融的逻辑》中的观点，份子钱是民间的一种隐性金融互助制度。说得通俗一点，份子钱是一种互惠型融资制度。今天我家办事缺钱，大家都来凑一点；明天你家办事，大家也为你家集资。

早先，在一个封闭的社会中，大多数人都没什么机会交到朋友，亲戚是唯一一股可以依靠的力量。因此，每个弱小的个体平时都得多跟亲戚加强联系，万一遇到事情，也要找亲戚为自己出力。倘若你一直跟亲戚老死不相往来，在遇到大事的时候，也不好意思向人家求助。

但进入现代社会，随着教育和商业的发展，大多数人都有了更多交朋友的机会，甚至跟朋友要比跟亲戚更能聊得来。原先只能从亲戚那里得到的支持，现在也可以从朋友那里获得了，所以一些交朋友能力强的人"走亲戚"的动力就下降了。

用得上亲戚、需要在亲戚那里"攒人品"的人会频繁地走亲戚；一旦认为自己不再需要亲戚的帮助，也就懒得走动了。这种社交的功利之心十分明显。

亲戚关系不纯粹，那朋友关系呢？我们常说出门靠朋友，这也从侧面反映出："因为我需要你，才会把你当朋友。"朋友之间光有感情是不够的，还得对彼此有价值。

这里的"有价值"我们可以这样理解：朋友觉得跟你相处可以得到乐趣，或者可以增长知识或得到某种资源。也就是说，要么有趣，要么有用。

需要注意的是，如果跟一个人交往的主要动机是为了从他的渊博学识或聪明才干中学到东西、从他的积极乐观中得到正能量、从他的风趣幽默和浪漫中体验到快乐等，这并不能说是不功利，而是一种精神性功利。

我们常常在论坛和电视节目上看见两个之前从没有直接接触过的大佬出现在同一个场合，坐在一起。他们可能来自不同的行业，也没有什么交集，但却很容易一见如故、惺惺相惜。为什么？因为他们的能量等级相似，有可以"交换"的信息。

笔者的朋友杨奇函曾写过一篇文章《朋友圈的点赞数取决于你的位置》，也暗含了"能量等级越高，朋友越多"之意。

哪怕是曾经关系特别密切的朋友，一旦双方的能力等级对比发生了变化，感情也可能会出现变化，也许更有能力的那一个会疏远能力不佳的那一个，又或者能力不佳的那一个因为自卑，故意躲避，如此一来，时间一久两人就生疏了。这也解释了为什么很多人会觉得越长大越孤单，越长大朋友越少。

社交从线下转到线上之后，功利色彩非但没有减弱，反而还可能更浓。

笔者加很多微信群就是为了推广自己的文章，结果加入了这些微信群之后发现，群里发文章的比看文章的人还多。

笔者自己建立微信群，就是为了发文章的时候有人看。为了能调动起广大群成员分享文章的积极性，笔者在发文章链接进群的时候还经常发个 30～50 元的大红包。结果经常发现，有人抢红包很积极，但却从来不分享文章。

在线下活动或微信群里遇到某个大佬，笔者也会添加对方的微信，希望他有朝一日能成为自己的下一任老板或是自己可利用的资源。这是很多有机会接触到成功人士的普通人的一种常见做法。不过，除了你偶尔给对方点个赞之外，双方基本上不会有任何互动。即便你以十分谦卑的口吻给大佬留言，他十有八九也不会回复。作为"不成功人士"的你偶尔会觉得失落，但这也可以理解，因为你没法向大佬们提供可供交换的资源。

其实，社交的功利心是不分阶层的。现如今，几乎所有人的生存压力都很大，大家的时间和精力都有限，因此与纯粹的感情意义上的社交相比，能带来回报的社交更受青睐。商家如果能准确地抓住用户的这一心思，就会有很多机会。

通过给朋友圈点个赞来获得某种礼品或优惠，虽然也是一种可以带来回报的社交，但毕竟太简单了。相比之下，自拍平台"颜之惠"创造性地推出将点赞货币化的功能。

"颜之惠"上汇集了近 100 万名爱自拍的高颜值男女。因为大家都是同道中人，所以在这里晒自拍照不但不会像在微信朋友圈那样引起朋友的反感，反而很容易赢得其他用户的点赞。点赞数的多少恰恰显示出了照片主人的颜值高低以及受欢迎的程度。

在其他的社交工具上，虽然也可以晒照片并得到周围的人点赞，但是这些赞却并没有任何经济价值，而"颜之惠"却通过把点赞转换成具有货币属性的"颜币"，使用户在平台所签约的酒店、咖啡馆等合作商家消费时，能够用颜币抵扣现金（10 颜币＝1 元）。"颜之惠"让"长得好看可以当饭吃"变成了现实。

"颜之惠"App 里还有自动计算颜币高低的排行榜，每周进榜的高颜值男女会被邀请参与颜之惠官方组织的"霸王餐""大剧场""超级盛典"等线下活动。笔者第一次参加"颜之惠"的线下互动是在成都市武侯区一个叫珍珠酱的西餐厅。那个西餐厅的老板和投资人也是"颜之惠"的会员,本来价值188元的牛排,在用"颜币"抵扣后,每个人只需支付100元。

"颜之惠"平台上的氛围十分热烈。颜值可以变现,实际上推动了会员之间的"互刷",你给我送"颜币",我也给你送"颜币",然后咱们共同找商家去赚优惠。而商家获得了流量,也很高兴,于是形成了一个共赢的局面。可见,"点赞之交"其实也是大有用处的。

"颜之惠"正尝试推出电商服务,这样颜币也可以直接在线当钱用,将来不排除还有提现的可能。

TIPS

1. "走亲戚"最早是一种民间互助体系。

2. 朋友之间光有感情是不够的,还得对对方有价值。这里的"有价值"可以被这样理解:朋友觉得跟你相处可以得到乐趣、可以增长知识或得到某种资源。也就是说,要么有趣,要么有用。

3. 社交从线下转到线上之后,功利色彩非但没有减弱,还可能更浓。

4. 在其他的社交工具上,用户虽然也可以晒照片并得到周围人的点赞,但是这些赞却并没有任何经济价值。而"颜之惠"却通过把点赞转换成具有货币属性的"颜币",使用户在平台所签约的酒店、咖啡馆等合作商家消费时,能够用颜币抵扣现金。"颜之惠"让"长得好看可以当饭吃"变成了现实。

用户参与感与粉群经济

说到社交的功利化，笔者想起一个问题：笔者的读者来自各种渠道，很多是演讲时的观众。早在三年前，很多人问笔者为什么不做电商把这些粉丝变现，从他们身上通过实物产品的售卖获得高价值的回报？

笔者是这么回答的："人和人之间一旦发生财物交易，关系就会产生变化，现在是你的忠实读者，转头你卖给了他一盒大枣，他就成了你的顾客，你跟他的关系就发生了改变。由于价格、品质、体验会发生很多偏差，以后他会不会继续支持你就不确定了。说不定一个 100 元的交易就会中止两者之间的关系，所以这个用户对于我来说，他的 ARPU（Average Revenue Per User，每用户平均收入）值也就是 100 元，这难道就是笔者想要的吗？"

笔者有 20 万个粉丝，如果人人都贡献 100 元，就能赚 2000 万元。可笔者如果做一个"社交＋"的 App 平台，让这 20 万粉丝成为种子用户，再让他们之间发生连接，然后二次传播出去，这 20 万用户就会裂变成 200 万、2000 万个用户，这个时候每个用户哪怕只贡献 50 元，笔者都会有数十亿元的收入。这就是基于社交的商业模式对传统电商交易模式进行"碾压"的实例。

这就是为什么支付宝不老老实实做支付，而要加入朋友社交功能的原因。而那些善于做关系连接、搭台让大家唱戏的微信群主们是有先见之明的。

媒介需要二次传播，做产品也是一样，要让用户有归属感（这个产品的用户都是你的家人）、成就感（我为这个产品的成长做出了贡献）、荣誉感（我所在的社群是多么高格调的一个社群啊），这一切统称为参与感。

当我们营造粉丝的参与感的时候，其实目的是粉丝的自发传播。当粉丝体验产品效果佳，他们就会自发帮你做你要花很多广告费才能做到的推广工作，他们甚至可以当你的义务客服、义务情报搜集员、义务"水军"——"自来水"——而这正是产品方想得到的。

那么如何赢得用户的心，让他们有参与感呢？

要让他们意识到他们的自传播、自维护，不仅仅是对作者、对产品方、对自己都是有极大回报的。回报在哪里呢？不妨拿笔者的自媒体来做类比。

好的读者为什么会习惯性地分享传播作者的好文章？

首先，这是对于你喜爱的作者的支持，你的每一次转发都是在帮他扩大他的粉丝阵地，使他的粉丝不断增长，那么他将来的潜在影响力和收入都会增加，不需要你掏钱就能使你支持的偶像实现价值增长，举手之劳，何乐而不为？

其次，你以为你的分享只是为作者本人增值了吗？显然不是。随着作者影响力的扩大，他写东西的热情也会越来越高，生产能力在提高，文章质量也在提高。质量和产量都上去了，这是不是读者的红利呢？而这个红利是谁带来的？就是读者啊。

读者群的增加还会导致现象级社群的形成，"罗辑思维"和"创新研习社"在形成超级社群以后，每一个群员都从中受益。比如"罗辑思维"组织的"霸王餐"可以帮助用户低价进行 C2B 采购。这些力量来自于社群人员的庞大，来自他们共同的影响力，而不是罗振宇个人的力量，他的背后是读者。

最重要的互联网思维之一就是，现在已经不是崇尚单打独斗的个人英雄主义的年代，群员之间是相互成就的。一个能力很强的人和一群平庸的人在一起，就只能做价值提供者，社群也发展不起来；但是如果大家一起努力，把厉害的人都吸引到这个社群里来，这个社群就成了社群中的翘楚，你所能得到的信息、能力的提升将不可同日而语。到底怎样做才能实现呢？很简单：帮作者转发他的好文章，让更多的人读到，从而被吸引进来。

同样的道理,让用户意识到他的付出会为整个群体、整个平台的价值提升做出贡献,最终反哺给个人,使个人获益,他们就会欣然参与其中。

谈到参与感,我们就不得不谈另一个话题——社群经济。

笔者的看法是,世间只有粉丝经济,并无社群经济。这个问题本质上是社群应该中心化还是去中心化的问题。

粉丝经济很好理解,而且已经被娱乐圈验证了。一个鹿晗所带来的经济规模是非常可观的。粉丝经济是绝对的一对多模式,一个明星面对数以百万计甚至千万计的粉丝群体,哪怕明星已经过世,他的粉丝群体可能仍然存在——比如张国荣的粉丝群。这其中可能会出现类似群主这样的粉丝群召集者、粉丝后援会会长,但他们只是粉丝群体的负责人,哪怕再换一个负责人,粉丝群也依然存在。这个模式的核心是一对多,一个明星和无数的个人节点进行连线,而且是单向连线,有多少个点就可以画多少根连线。

而社群是什么呢?它是一个需要两两连接的群体,连接线的规模是按照平方级扩展的。社群模式的核心是两两连接,这就对社群的人数进行了限定。一个40个人的群,你还勉强可以认识其他的39人;到了100人的群,想认识其余的99人就比较吃力了;到了500人的大群,压根就不用考虑这个问题了。

这就是为什么微信在一开始很长一段时间里都将微信群的人数上限设定为40人。这也是为什么一个班级总是维持在40人左右。这是人类的社交天花板。一个EMBA班级里的40个人互相认识,非常熟悉对方公司的业务,我们可以认为,这个EMBA班级能形成一个社群的撮合经济,然而其规模不可能太大。

社群的两两连接属性和人类的社交天花板属性共同定义了社群人数不会太多,规模不会太大,这也意味着这世上根本没有社群经济一说,社群经济是个伪概念。

你或许会说:"我们可以不用两两连接啊,一个500人的大群,人人都认识群主就好了。"那么,这样的形式还是属于刚才所说的一对多的粉丝经济范畴。所以无论是罗振宇之于"罗辑思维"会员,还是李善友之于"创新研习社"社员,都属于粉丝经济的模式。不要以为划分出了很多微信群,就叫社群经济了。

或许你会说,就像"创新研习社"或者"吴晓波书友会"正在做的,成立很多位于各地的小群,让每个小群都产生价值,无数的小群加在一起,所产生的规模不就大了? 没错,这个思路是对的,但是笔者不认为这种是社群经济,而应该被称为粉丝群经济。粉丝经济是中心化的,社群经济是去中心化的,而笔者倡导的粉群经济,可以说是混合的。

这种模式的核心是,除了大家所关注的最大的那个偶像外,每一个小社群还应该有自己的灵魂人物,而不只是一个随时可被替换的群主。这个人是超级偶像的代理人,本身也具有相当的学识和造诣、足够强大的人格魅力及吸引力。在古代,那就是孔子的七十二贤人;在佛教中,就是佛陀的十大弟子;在天地会里,那就是各分舵舵主。

这样的结构,笔者认为最能产生规模经济。粉丝群经济"粉"的依旧是超级偶像,群是指本地化的无间小社群。这其中需要一个强有力的中间人来做桥梁,这就是粉群经济的核心。

✎TIPS

> 1. 让用户意识到他的付出会为整个群体、整个平台的价值提升做出贡献,最终反哺给个人,使个人获益,他们就会欣然参与其中。
>
> 2. 粉丝经济是中心化的,社群经济是去中心化的,而笔者倡导的粉群经济,可以说是混合的。

后记：阿里巴巴与今日头条的社交局

在闭关写作本书的 4 个月里，除了偶尔的电话采访，卖菜大妈和便利店大叔是笔者仅有的社交对象。在这段时间里，笔者自己的心态也发生了一些变化。

原先，笔者一直是一个喜欢独处、对社交极度排斥的人，认为大多数的社交都是在耗费生命。但在第一次经历了一个较长的封闭期后，笔者发现自己开始变得渴望社交了——失去社交，至少在两个方面受到了损失：错过了很多接触新鲜资讯的机会，表达欲也无法得到充分满足。

有一段时间，这种持续的封闭生活让笔者感到有点恐惧——害怕自己与世隔绝。有一天，笔者跟一个创业者约见面，聊了两个多小时，随后心情大好。原来，哪怕是对于非常不喜欢社交的人，社交也是必不可少的。

这段深刻的感受让笔者愈加明白，无论科技发生如何翻天覆地的变化，社交领域的发展却一直欣欣向荣，并且一直有新机会出现。

尽管明知自己缺乏"社交基因"，但阿里巴巴对社交一直不死心。

自 2014 年春节起，腾讯诱引用户用自己的微信绑定银行卡，期待用户养成移动支付的习惯，这一点算是打到了支付宝的"七寸"。在此之前，移动支付领域几乎是支付宝一家独大，但近两年，支付宝的市场份额日渐遭到微信凶猛的蚕食。

我们做过一个极端的假设：某个用户的手机内存满了，为了加快运行速度，必须在支付宝和微信之间卸载掉一个,那他会卸载哪一个呢? 八成是支付宝。因为与支付宝相比,人们更加离不开微信,他们几乎所有的社交关系都在这里,卸载了微信,就意味着跟这些关系失去联系。

对此,马云一定想到了,彭蕾也一定想到了。所以,我们才会看到支付宝在2016年春节推出了"集齐五福领红包"的游戏,试图以此撬动用户在支付宝上的社交。此后,支付宝又在2016年下半年推出了"女大学生日记",试图以美女照片来建立起自己在社交领域的影响力。但很不幸,这两次活动都在舆论的围剿下失败了。

但这些屡战屡败的经历并没有使阿里巴巴放弃自己的社交梦。最新的一个不太引人注意的动作是:淘宝和天猫正在强迫用户安装阿里旺旺。

之前,在天猫上买的东西有质量问题需要投诉的时候,即使电脑上并没有安装阿里旺旺客户端,也可以使用阿里旺旺的网页版。但在2017年8月底的某一天,当笔者在准备跟商家交涉的时候,却发现网页版阿里旺旺找不到了。刚一开始以为是改版了,网页版阿里旺旺被放在了一个不容易找到的地方,直到询问了客服,笔者才明白,原来现在已经没有网页版阿里旺旺了,必须下载安装客户端才能与商家对话。

在社交上做不过腾讯,就强迫用户下载你们的社交软件? 这的确会让很多用户愤愤不平。然而,对阿里巴巴来说,进军社交是战略,不管用何种方式、用户是不是真的需要这样一款社交产品,它都将义无反顾、勇往直前。

在这一波内容创业领域里,估值超过200亿美元的"今日头条"是最大的赢家。但正如我们在本书绪论中提到的,因为缺乏社交机制,用户能看到的内容没有其社交链中的其他人帮助筛选和背书,而是由算法推荐。在这种机制下,自媒体运营者很难在"今日头条"上积累到稳定可靠的粉丝。因此,那些有志于打造个人品牌的优质内容创造者一般都对"今日头条"不太重视。

倘若流量的分发主要依赖于用户的社交链，那么劣质内容的创造者便难以立足，能存活下来的一般都是优质内容的生产者。但可惜的是，在算法推荐的机制下，流量分发依赖于内容主题及关键词对算法的迎合，劣质内容很难被过滤掉。因此"今日头条"的热门，基本上都是一些文化追求不高、靠东拼西凑来骗流量的"做号者"。

如果任由这种劣币驱逐良币的情形持续下去，"今日头条"恐怕会很快就遭遇天花板，即便估值再高，也吸引不到精英阶层。

布局社交，便是今日头条试图扭转这一形势的战略举措。

2017年，为了做起"微头条"，今日头条从未停止从微博上拉拢明星和"大V"入驻。然而，钛媒体记者张远在研究后发现，"微头条"很难做成微博那样的社交产品。"只要浏览一下微头条，我们就会发现用户更喜欢点赞、评论，而几乎不会去转发(2017年6月中旬，杨紫最新的一条微博获得了2275个点赞、81个评论，但只有10个转发；Angelababy的某一条微博获得了4000个赞、675个评论，但只有46个转发)，这意味着用户并没有传播习惯，他们更愿意做评论者而非传播者。"

到了8月底，又有某知乎"大V"爆料说，今日头条以20万～30万元年薪一口气签下了300个知乎"大V"，要求这些"大V"在"今日头条"旗下的社交产品"悟空问答"上回答用户的提问，并且在悟空问答上写的答案，都不许再发到"知乎"上。

这则消息爆出来后，在社交网络上和媒体界掀起了轩然大波。笔者认为，这些转移到"悟空问答"上的"大V"迟早有一天会后悔的，因为悟空回答的读者质量明显不如"知乎"。但站在"今日头条"的角度，让提问者与"大V"们在"悟空问答"上相遇，从而建立社交连接，弥补"今日头条"新闻客户端的社交短板，则是其构建完整的内容生态的关键一步。

也有人认为，"今日头条"社交局的下一步应该是吞并"快手"。笔者认为，这是个极妙的建议：因为"今日头条"和"快手"的用户群体高度重合，能吞并"快手"，"今日头条"的内容版块和社交版块将形成强大的互补能力。

当流量和用户黏性越来越依赖社交时，无论是互联网巨头还是新进入的创业者，都面临着这样的选择：要么"社交＋"，要么"＋社交"。不主动拥抱社交，就很容易被别人"干掉"。

也许很多人会这样想：连阿里巴巴和"今日头条"这样的互联网巨头，都连番在社交之路上遭遇滑铁卢，那些小微创新公司将自己的产品跟社交连接起来岂不是更难？这倒未必。船小好调头，小公司的历史包袱小，也许更容易搭上社交的快车道。更何况如果小公司在创业之初、产品设计之初就考虑到社交元素，这要比那些缺乏社交基因的大公司"半路出家"搞社交轻巧得多。

我们在本书中提到的"社交＋"系列案例，大都发生在一些创业公司或新产品上，希望它们的经验和模式，能使后来者少走一些弯路。

图书在版编目(CIP)数据

社交经济：移动互联网时代的商业新逻辑 / 聂帅，
苏清涛著.—杭州：浙江大学出版社，2018.5
  ISBN 978-7-308-18045-0

  Ⅰ.①社… Ⅱ.①聂… ②苏… Ⅲ.①网络营销
Ⅳ.①F713.365.2

  中国版本图书馆 CIP 数据核字（2018）第 049815 号

社交经济：移动互联网时代的商业新逻辑

聂　帅　苏清涛　著

责任编辑	杨　茜
责任校对	杨利军　李增基
封面设计	卓义云天
出版发行	浙江大学出版社
	（杭州市天目山路 148 号　邮政编码 310007）
	（网址：http://www.zjupress.com）
排　　版	杭州林智广告有限公司
印　　刷	杭州钱江彩色印务有限公司
开　　本	710mm×1000mm　1/16
印　　张	15
字　　数	188 千
版 印 次	2018 年 5 月第 1 版　2018 年 5 月第 1 次印刷
书　　号	ISBN 978-7-308-18045-0
定　　价	49.00 元